高新技术企业
持续竞争优势研究

◎ 赵忠伟　何　尧　著

GAOXIN JISHU QIYE
CHIXU JINGZHENG YOUSHI YANJIU

中国农业出版社
农村设物出版社
北　京

图书在版编目（CIP）数据

高新技术企业持续竞争优势研究 / 赵忠伟，何尧著
.—北京：中国农业出版社，2022.8
ISBN 978-7-109-29627-5

Ⅰ.①高… Ⅱ.①赵… ②何… Ⅲ.①高技术企业—企业竞争—研究—中国 Ⅳ.①F279.244.4

中国版本图书馆 CIP 数据核字（2022）第 113100 号

高新技术企业持续竞争优势研究
GAOXIN JISHU QIYE CHIXU JINGZHENG YOUSHI YANJIU

中国农业出版社出版
地址：北京市朝阳区麦子店街 18 号楼
邮编：100125
责任编辑：周益平　　文字编辑：刘金华
责任校对：吴丽婷　　责任印制：王　宏
印刷：北京通州皇家印刷厂
版次：2022 年 8 月第 1 版
印次：2022 年 8 月北京第 1 次印刷
发行：新华书店北京发行所
开本：700mm×1000mm　1/16
印张：9.25
字数：210 千字
定价：68.00 元

前 言

Preface

21世纪以来，人类逐渐进入知识经济时代，信息经济、网络经济蓬勃发展，对企业发展影响日趋明显。企业的发展与竞争正打破国界、规则等因素束缚，以前相对稳定的静态环境已不复存在，企业间的竞争与联合在更广与更深的层次展开，企业发展环境日益复杂多变，呈现出高度的动态性和不确定性。

作为国民经济发展的重要推动力量，高新技术企业的持续发展正日益面临发展环境变化的严峻挑战，呈现出失败率高、成长慢、抗风险能力差的弱点。因此，对高新技术企业持续竞争优势的研究具有重要的理论与现实意义。

高新技术企业具有高知识高技术、高风险高创新、高成长短周期的本质特征，基于上述本质特征派生出其独有的竞争优势生成与持续规律。本书依照竞争优势生成、持续竞争优势阻力、持续竞争优势再造这一研究线索对高新技术企业持续竞争优势展开相关研究。

在对高新技术企业以及竞争优势相关理论全面剖析的基础上，本书基于竞争优势综合观对高新技术企业竞争优势来源进行深入分析，揭示技术核心能力、人力资本优势、先发优势以及产业环境优势是高新技术企业竞争优势的主要生成来源，并对上述来源要素对于高新技术企业竞争优势的作用机理进行了深入分析。

在充分论证高新技术企业耗散结构特征的基础上，本书通过建立高新技术企业熵变模型，指出高新技术企业竞争优势能否持续的根源决定于企业内部资源能力与外部环境的匹配程度。高新技术企业生存环境的动态复杂性将导致高新技术企业先发优势失效，产业环境优势减弱，技术核心能力出现刚性特征而无法维系高新技术企业持续竞争优势。

通过企业持续竞争优势再造概念解读，根据再造诱因、再造导向、再造动力、再造路径等要素建立高新技术企业持续竞争优势再造模型。其中高新技术企业持续竞争优势再造主要受提高收益回报、增强市场位势、提高资产专用性三大诱因驱动。高新技术企业持续竞争优势再造的目标导向应为实现顾客价值。

基于高新技术企业的高知识特性，通过建立高新技术企业知识体系演化模型，分析结构知识、能力知识与价值知识在企业知识体系演化中的不同作用，论证了动态能力、组织学习、企业文化是高新技术企业持续竞争优势再造的根本动力。进而分别研究3种动力要素对高新技术企业持续竞争优势再造的作用机理，分析3种动力要素对竞争优势再造的协同耦合互动机理，并提出增强再造动力的具体策略。

论证了创新是高新技术企业持续竞争优势再造的根本路径，高新技术企业在进行竞争优势再造时应通过持续创新时间路径以及开放创新空间路径展开，进而提出面向优势再造的具体创新策略。

在上述分析框架的基础上建立了由显性优势、环境适应优势和再造优势3个层次共24项具体指标构成的高新技术企业持续竞争优势评价指标体系，采用模糊综合评价与灰色关联分析两种评价方法建立评价模型。

最后以高新技术企业F公司为研究对象进行了实证研究，应用本书所建立的评价模型及分析框架对F公司持续竞争优势进行了相应分析，并根据分析结果有针对性地提出了F公司持续竞争优势提升的相应对策与建议。

著　者

2022年4月

目　录

Contents

第1章 绪　论

1.1 研究背景、目的和意义

1.1.1 研究背景

（1）高新技术企业已成为国民经济发展的重要力量

当今世界技术变革日新月异，各国、各地区间的竞争也更多地聚焦于高新技术产业。作为高新技术的载体，高新技术企业日益成为国家和地区的经济增长点，受到越来越多的关注。几乎所有发达国家都把高新技术产业作为发展重点，将其作为增强综合国力的战略措施。高新技术企业对区域经济发展有极强的推动作用，在一定程度上决定着地区经济发展的潜力与动力。我国各级政府历来十分重视高新技术的发展，近年来我国高新园区发展迅速，涉及越来越多的高新技术领域，高新技术企业的数量日益增多，规模也越来越大。人力、智力、资本等优势资源在各个高新技术领域集聚，提高了我国产业技术层次，培育壮大了一批知名的高新技术企业，如海尔、华为、大疆、腾讯等。随着国家对高新技术的重视，我国高新技术产业规模不断扩大，2010—2019年以来，我国高新技术企业数量快速增长，且年增速基本维持在15%以上，特别在“十三五”期间，数量增速均在25%以上。2020年，全国高新技术企业已接近30万家，高新技术企业总营业收入已经达到51.3万亿元。数据表明，高新技术产业有力地促进了我国经济结构的调整与优化，渗透到经济、社会、生态各个领域，成为推动我国经济发展、改善人民生活、促进社会进步的重要力量。

（2）企业生存环境的变化

当前学术界对企业生存与发展环境的变化有一个基本的共识：20世纪80年代以前，企业基本存在于稳定、可预测的环境之中，其环境特征主要有：产业立法严格限制竞争者的加入；企业竞争一般局限于国内本产业的竞争对手之间；企业科层组织可以对员工进行有效控制与约束；企业内工作制度与职责说明书限制了企业各部门与员工的行事方式。在这样的传统环境下，管理者可以充分利用计划、控制、激励等手段进行企业管理，通过严格的专业化分工来提高生产效率，通过大量制造标准化的产品来降低产品价格，以此来展开竞争，企业关注的重点是纪律、秩序和效率，这也是大多数企业都认同并一贯遵循的规则[1]。

自20世纪90年代初期，全球化浪潮日益加剧，政府管制逐渐放松。特别是进入21世纪，信息技术快速发展、技术扩散加速、技术融合与渗透特征日益明显，企业的发展与竞争正打破国界、规则等因素束缚，以前相对稳定的静态环境已不复存在，企业间的竞争与联合在更广与更深的层次展开，企业发展环境日益复杂多变，呈现出高度的动态性和不确定性。过去需要经历几个世纪的变化，现在只要几年的时间就完成了。市场大潮涨落无常，经营资源不断更新，高新技术突飞猛进，竞争急剧增多，产品生命周期日益缩短，成百上千的关键变量与企业生存息息相关。变化的速度从以往的曲线趋势转为瞬间发生，并通常以人们意料不到的方式进行，变化节奏越来越快，情况越来越复杂，变化的前景也越来越难以预料，任何企业都无法超脱于这些变化之外[2]。

(3) 高新技术企业面临发展环境变化的严峻挑战

企业都希望能够拥有持续竞争优势，但事实上很少有企业能实现这一愿望而长盛不衰。随着企业生存环境的变化，企业的永续发展却开始面临严峻的考验。据美国商务部统计，美国企业的倒闭率在20世纪70年代为2.3%～4.3%，但是到了80年代这一比例却猛增到6%～12%。在1983年，皇家壳牌集团的一个研究小组所做的一项调查研究发现：1970年名列美国《财富》杂志“世界500强企业”排行榜的大型跨国企业，到1982年就已经有1/3销声匿迹——不是被兼并就是四分五裂。而且发现，这些大企业的平均寿命一般只有40年到50年，40%的新建企业存活不到10年就中途夭折。荷兰阿姆斯特丹的斯特拉提克斯集团的Luche在1996年所做的一项研究认为，在日本和欧洲，所有类型的企业的平均寿命只有12.5年[3]。日本日经商务社的一项统计分析表明，企业成为优秀企业或者说进入繁荣期的时间为10～25年，而企业的衰落却非常快。由此得出这样的结论：日本优秀企业的寿命不足30年，并且越来越短。Itami和Numagam通过实证研究也发现，欧洲和日本企业的平均寿命只有12.5年[4]。美国商务部2001年的一份统计数据表明，1989—1992年诞生的新企业在6年后，只有40%存活下来。企业成长的机会比前20年增加了2.5倍，市场竞争激烈程度也增加了3.3倍，但是企业的平均寿命却缩短了3/4[5]。进入21世纪以来，上述趋势日益明显，在我国也得到体现，根据中国企业联合会研究部研究员刘兴国抽样调查显示，中国民营企业平均寿命仅3.7年，中小企业平均寿命更是只有2.5年，远远低于美国与日本中小企业的平均寿命8.2年、12.5年[6]。

对于高新技术企业来说，面临的形式更加严峻，因为高新技术企业面临的技术与市场风险更高，所以存活率更低。技术优势是企业竞争优势的主要来源，几乎可以称之为高新技术企业的生命线。知识经济、信息经济与网络经济加快了企业技术优势的溢出速度，所以企业如何在动态环境下延续技术竞争优势的问题更加突出。

我国高新技术企业发展仍然存在很多问题，在新的发展环境下主要体现在以下3个方面：一是企业存活率低。和传统行业企业相比，高新技术企业面临的环境不确定性更大，失败率也更高。很多企业成立之初由于管理经验、市场应对能力不足，很快陷入生存困境，有相当一部分高新技术企业甚至在成立当年便倒闭注销。资料显示，我国互联网企业的寿命普遍在3年左右。近年来，北京、上海等地的市级高新技术企业注销率均在10%以上，远远高于传统企业。二是企业成长缓慢。截至2019年，我国主营业务收入在2 000万元以上的高新技术企业不到3.6万家，占全部高新技术企业数的12%，全国有9个地区高新技术产业利润不足百亿元，3个地区利润不足10亿元。2006—2018年我国高新技术产业出口占制造业比例仅增加不到1个百分点，制造业转型升级任务艰巨。如果考虑到外资企业的占比，上述数据将会更低。我国高新技术企业虽然数量较多，但发展速度慢，整体规模仍然偏小。对于大多数高新技术企业而言，在规模上难以拓展，甚至有的高新技术企业经过10多年的建设，规模仍然没有大的变化。三是企业抗风险能力差。我国高新技术企业自主创新能力较差，发展的主要动力仍然在于国家扶持。例如，2008年我国高新技术企业认定工作的重点由销售收入转向了知识产权与研发投入，相当数量的一批企业失去了高新技术企业资格，由于不再享受各项优惠政策而陷入发展困境。由于我国高新技术企业危机意识薄弱，在2008年金融危机以及当前的贸易争端中，很多企业不能及时调整发展战略，无论是生产数据还是出口数据均一度出现负增长。

企业的生存与发展必然会受到外部环境的影响，高新技术企业的自身特征决定了其比传统企业更易受环境的影响与制约，环境一方面对企业已有的资源与能力优势提出新的挑战，另一方面也为企业提供新的发展空间，产生新的竞争优势。在诸多宏观与微观环境因素中，影响企业生存与发展的因素有哪些、哪些是决定性因素、阻力因素与动力因素如何作用于企业，是企业管理者与学术界必须回答的问题，也是一个极富挑战性的现实问题和理论课题，这也是本书研究的出发点。

1.1.2　研究目的及意义

本书的研究目的是：以高新技术企业持续竞争优势为主题，力图在深入研究企业持续竞争优势相关理论的基础上，结合高新技术企业特点与发展规律构建高新技术企业持续竞争优势分析框架，推进这一问题的深层次研究，力争使企业持续竞争优势的概念具体化，持续竞争优势的提升与再造可操作化，为高新技术企业保持和延续竞争优势提供具体的理论指导与实践方法。

企业竞争优势是学术界研究的热点，但针对高新技术企业持续竞争优势却较少有专题研究。如前所述，高新技术企业自身和外部环境的特殊性，使其在创立、发展、壮大等各个方面的经营管理亦具有特殊性。通过深入分析高新技术企业竞争优势来源、持续性阻力以及竞争优势再造机理，对高新技术企业持续竞争优势进行定量评价，可以进一步加深对高新技术企业本质的认识，有利于丰富和完善现有高新技术企业管理理论，具有较强的理论意义。

通过对高新技术企业持续竞争优势的相关研究发现，企业持续竞争优势一方面有利于企业管理者提高企业经营水平，促进高新技术企业健康、快速、持续发展；另一方面有助于国家及各级政府制定出有效的利于高新技术企业发展的政策法规及措施。研究高新技术企业的持续竞争优势，对高新技术企业的可持续发展以及国民经济的健康持续发展均具有重要的现实意义。

1.2 国内外研究成果梳理

1.2.1 国外研究成果

鲁梅尔特（Rumelt）、波特（Porter）、巴尼（Barney）等许多知名学者均对企业持续竞争优势进行过相关研究，并取得了丰硕的研究成果。

（1）产业分析观

随着产业组织理论在20世纪80年代的发展，一些学者开始将产业经济学理论与分析方法应用于企业持续竞争优势研究，最有代表性的莫过于波特的产业分析模式。波特的产业分析观根植于产业经济学家Mason（1939）[7]和Bain（1956）[8]提出的结构-行为-绩效（SCP）分析法。波特认为，两个因素会对企业竞争优势生成产生重要影响，即企业所处产业的吸引力和企业在该产业中的相对位势。相应的，企业的收益率也可以分解为产业效应与优势效应。企业竞争优势即来源于上述两种因素的单一或共同作用。

根据波特的产业分析理论，产业内部5种基本竞争力量将决定产业效应：现有竞争对手的竞争、潜在进入者威胁、替代品威胁及买方和卖方的议价能力。波特认为，“企业盈利能力是否高于产业平均水平取决于企业的定位”。如果企业能够占据高于竞争对手的市场位势，就能在所处产业中获得竞争优势。企业的市场位势又决定于企业效率，一个企业高效的生产、销售等职能活动都将对企业竞争优势产生积极影响[9]。

波特认为，如果企业能够持久地贯彻竞争对手难以模仿的战略，如产品差异、转换成本、规模经济甚至是政府政策等，就可以构筑起模仿壁垒，从而使企业竞争优势得以维持，形成持续竞争优势[9]。

(2) 资源、能力观

在研究竞争优势的生成与维持问题时，资源、能力学派也产生了丰富的研究成果，将竞争优势理论的研究推向了一个新的高度。资源观认同企业的异质性，能力观则将研究重点置于竞争优势的产生机制。

Rumelt（1984）在其著作《战略基本问题》中提出，已有企业的品牌优势、转换成本、专有资产可以形成隔离机制，是企业竞争优势的有效壁垒，竞争对手在上述因素限制下很难复制已有企业的资源与能力配置，不能轻易获得优势企业的超额利润[10]。与 Rumelt 同时代的一些其他学者，如巴尼（Barney，1986）[11]所持的难以模仿组织文化观点、Schoemaker（1999）[12]所持的企业经验观点、Eitomy（1997）[13]所持的难以模仿的无形资产观点，也均与 Rumelt 类似。

巴尼还提出了“战略要素市场”的概念，认为实施战略的资源成本决定了战略回报规模，企业要想获得竞争优势，必须维持低于竞争对手的资源成本，资源成本最终决定于战略要素市场的竞争特性[11]。针对巴尼所提出的战略要素市场的不完备性，迪尔里克斯（Dierickx，1989）进一步指出，由于要素市场的不完备，使一些资产（如信任、商誉、企业文化）等得以具备高度的专有性，并且难以通过市场交易获得。高度专有性的资产将使企业获得高于同行业平均水平的利润，从而获得竞争优势[14]。

1991 年，巴尼在 *Journal of Management* 上发表了 *Firm Resources and Sustained Competitive Advantage* 一文，巴尼在文中指出：企业在实施难以模仿战略以获取竞争优势时，还必须具备“竞争对手无法复制此战略的优势”这一必要条件[15]。Hall（1993）根据巴尼的思想对不同的无形资产与持续竞争优势之间的关系进行了实证研究[16]。1994 年，巴尼又撰文指出，任何能够为企业带来竞争优势的资源必须满足稀缺性、价值性、不可替代性以及不可完全模仿性（简称 VIRN 属性）四项必要条件[17]。1997 年，彼德拉芙（Peteraf）提出了一个与巴尼相似的观点，认为能够带来持久竞争优势的资源应满足以下四项条件：①具有异质性；②不完全移动；③对竞争的事前限制；④对竞争对手的事后限制[18]。Black 和 Boal（2000）延续巴尼和彼德拉芙等人观点，根据交易性及流动性的不同，将资源划分为可交易资产流量、可交易资产存量、不可交易资产流量、不可交易资产存量 4 种类型，并论证了不同类型的资源对企业持续竞争优势的不同贡献程度[19]。

企业能力理论是与企业资源理论相伴而生的。1990 年，“核心能力”概念被 Gary Hamel 和 Prahalad 等学者正式提出。根据上述学者的观点，企业的竞争优势在短期内来源于产品的价格等特征，而长期竞争优势则来源于企业的成本或速度等核心能力[20]。

Prahalad 等学者将核心能力定义为企业组织中的集体性学识，尤其是关于多种技术组合的技术学识。核心能力由于具有独特性、难以模仿性以及延展性而成为竞争优势源泉[20]。

随着企业生存环境的变化，一些学者发现核心能力由于具有刚性而在急剧变化的环境下无法维持企业竞争优势，在某些情况下，资源或能力甚至由于其"相对黏性"而成为企业进一步发展的绊脚石。提斯（Teece）在 1997 年提出了动态能力这一概念，以克服核心能力理论存在的不足。根据 Teece 的观点，动态能力即企业为适应快速变化的外部环境而发展起来的集成、开发和重构内外部能力的能力，对动态能力的分析可以从流程（Processes）、位势（Positions）和路径（Paths）三方面展开，即动态能力的 3P 分析框架[21]。

Bakker 和 Knoben（2015）在 *Built to last or meant to end：Inter-temporal choice in strategic alliance portfolios* 一文中将资源与能力概念扩展到战略联盟，指出战略联盟伙伴的选择在很大程度上受环境影响，环境的动态复杂性越高、变化越快，企业越趋向于短期合作[22]。Belderbos 等（2018）认为由于企业即有的资源与能力有时不足以应对日益复杂多变的环境和技术变化，在特定情况下可以通过与联盟中上下游企业的合作来获取外部资源构筑竞争优势[23]。

1.2.2 国内研究成果

（1）国内学者关于持续竞争优势的研究视角

魏江（1998）基于对国内外持续竞争优势的不同研究视角利弊的深入分析，提出了融合各种观点的系统观思想[24]。贺小刚（2002）对资源基础观、环境决定观等国内外竞争优势研究的代表性观点进行了总结与述评[25]。

在对国外学者观点进行综合述评基础上，国内一些学者也在竞争优势的研究视角与分析框架方面有所创新。邹国庆（2003）认为，企业为获得持续竞争优势，必须寻求培育既有能力与构筑动态能力之间的平衡，以实现与外部环境的相互依存、融合互动[26]。肖海林等在 2003 年提出了持续竞争优势四面体模型，基于制度平台、产业平台、核心能力和市场权力的持续竞争优势四面体分析框架揭示了竞争优势来源的构成、层次关系以及持续机制[27]。安久胜等（2004）基于生态观的角度对企业持续竞争优势进行了相关研究，指出企业获得持续竞争优势的关键在于企业与市场生态环境之间的协同进化[28]。

肖海林等在 2004 年又进一步发展了持续竞争优势的四面体结构模型，揭示了四面体协同成长-创新力与控制力动态效率统一学习能力演进的企业持续竞争优势生成机理[29]。肖海林等所建立的持续竞争优势模型，涉及了当前企业竞争优势理论的许多学派观点，例如品牌观、文化观、学习观、产业分析观、创新观等，可以说是企业持续竞争优势理论的深度融合。

辽宁大学霍春辉在2006年《动态竞争优势》一书中构建了包括产生基础、跃迁动力、跃迁路径3个层次的竞争优势金字塔模型。指出产业环境、战略资源、竞争能力、制度规范是竞争优势的产生基础，持续创新、顾客价值以及战略柔性是实现企业竞争优势可持续的必经之路[30]。

徐敏等（2014）基于环境的动态性和组织资源的调节作用，从战略执行速度视角分析企业绩效的影响因素及竞争优势来源[31]。朱恒源等（2018）进一步基于时间与速度两个关键要素建立了竞争优势的战略节奏动态分析框架[32]。

（2）国内学者关于持续竞争优势的构建理论

基于新的竞争环境对企业持续发展的挑战，国内学者展开的持续竞争优势构建的相关研究，产生了一批较有代表性的研究成果。

王刚夫等（2001）基于竞争优势群的角度，通过对沃尔玛、耐克和通用电气等公司的实证研究，发现这些能够持续发展的企业均不是依靠某种特定的优势来维系其持续发展，而是通过培育由多项相互补充和增强的竞争优势构筑而成的动态优势系统，并维护动态系统优势群的持续发展最终获得企业竞争优势的持续性[33]。企业只能通过竞争优势的更新来获得竞争优势的持续。随着环境的变化以及时间的推移，企业还必须增强对不同形式竞争优势的关注，从竞争优势增强、权衡与更新之间进行全面综合考量，抓住有利时机转变竞争优势的具体形式，以不断顺应环境变化。

蒋学伟和张灿等（2002）也指出，由于技术的交叉扩散速度与频率日益加快，在新兴的通信与计算机行业中已出现正反馈现象，产业边界正日益模糊，企业的持续竞争优势构建在这种动荡环境中正承受巨大的压力，企业已不可能仅仅依靠某一种特定形式的资源或能力来获得持久的竞争优势[34]。

蒋学伟等（2002）还提出了竞争优势的“连续统”概念，认为任何一种特定的竞争优势都存在生命周期，由于环境的急剧变化，竞争优势的生命周期正日益缩短，企业只有通过持续创新，不间断地创造新的竞争优势，以此构建相互联结或继起的企业竞争优势“连续统”，形成连续的竞争优势波浪式前进轨迹，企业才能够获得持续发展[34]。

朱恒源等（2019）建立了战略节奏分析框架，指出在动态复杂多变的外部环境背景下，企业需要时刻进行外部环境监测，分析环境发展趋势，要从被动的应变转为积极的求变，基于战略节奏适时调整资源与能力配置，以面对危机，并在危机中发现发展机遇[35]。

1.2.3 国内外研究成果评述

从以上分析可以看出，学者们从不同角度对持续竞争优势进行了大量研究和论述，上述研究成果之间既有区别也有联系，也有各自的欠缺。产业结构理论的提出者波特对产业结构的分析仅仅是基于现有产业，没有考虑到技术与产业创新速度加快、新兴产业形态不断出现、产业交叉与整合新趋势。对竞争优势的追溯仍然是在企业自身的产品方面，通过产品壁垒构筑竞争鸿沟、维系企业竞争优势地位。但面对外部环境的变化，企业原有的产品优势也会形成路径依赖，对企业而言有时则体现为能力刚性，波特的竞争优势理论在一定程度上脱离了当前的动态环境现实。一方面，资源和能力基础论只重视企业内在的资源和能力，对资源或能力清晰准确地作用于竞争优势没有明确结论，没有论述竞争优势是如何生成的。另一方面也缺乏对外部环境特别是产业环境变化的深入分析，给人一种竞争优势可以依托于既有资源与能力而长期存在。

纵观国内外持续竞争优势的相关研究，国外学者进行较早，我国学者在此领域近年来也有一定创新，持续竞争优势理论一步一步在不断被充实、完善，这些理论为企业持续竞争优势的研究提供了思想基础。尽管它们取得的成果是不可替代的，但是在企业环境的动态性、不可预测性以及复杂性的大环境下，它们所代表的价值观念并不能很好地适用于企业的实践，尤其是针对高新技术企业这一特定类型企业持续竞争优势还少有系统专题研究，有必要在国内外研究成果的基础上，在适应环境发展，并能指导高新技术企业实践方面做企业持续竞争优势的进一步深入研究。

1.3 研究思路与研究方法

1.3.1 研究思路

本书的主要研究内容可分为五大部分共 8 章。第一部分为第 1 章绪论，主要阐述课题的研究背景及研究意义，以及国内外相关领域的研究现状，为后续章节研究奠定理论基础。第二部分为第 2 章及第 3 章，在对高新技术企业进行概念界定及内涵分析的基础上，从静态视角分析高新技术企业竞争优势来源，并引出高新技术企业持续竞争优势概念，进而从动态视角分析高新技术企业竞争优势的阻力因素。探讨高新技术企业竞争优势不能自发持续的理论与实践根源。第三部分为第 4 章至第 6 章是本文的重点部分，包括在第 4 章首先阐述了高新技术企业持续竞争优势再造的概念，进而构建高新技术企业持续竞争优势再造模型，分析高新技术企业持续竞争优势再造诱因及顾客价值导向。第5章基于高新技术企业知识体系演化的角度分析高新技术企业持续竞争优势再造的三大动力要素。第6章在深入剖析创新与高新技术企业竞争优势关系的基础上，提出了高新技术企业持续竞争优势再造的时间与空间路径。第四部分为第7章是在前述章节的定性分析基础上，建立了高新技术企业持续竞争优势评价指标体系，分别利用模糊综合评价、灰色关联分析从绝对竞争优势、相对竞争优势两个角度对高新技术企业持续竞争优势进行定量评价。第五部分为第8章是实证案例研究部分，结合前述理论分析以高新技术企业F公司为例进行实证研究，以验证理论成果的正确性与可行性。

本书的具体写作框架如图1.1所示。

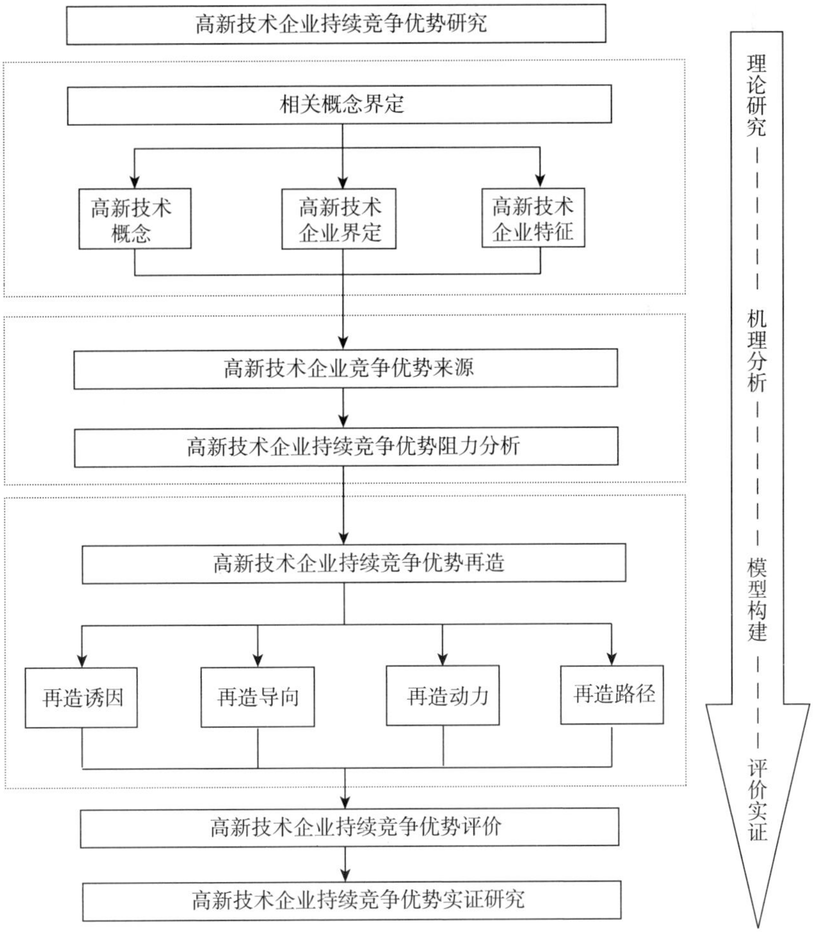

图1.1　本文整体研究框架

1.3.2 研究方法

（1）定性分析与定量分析相结合

在对高新技术企业竞争优势来源与持续性影响因素等内容的研究，主要采用概念界定、总结归纳等定性分析方法，对高新技术企业竞争优势持续性阻力机理、优势再造动力机制以及绝对优势与相对优势评价中，运用熵流模型以及模糊综合评价、灰色关联分析等定量分析方法，做到定性分析与定量分析相结合，以全面深入研究高新技术企业持续竞争优势问题。

（2）静态分析与动态分析相结合

在进行企业竞争优势的内涵性质界定、要素分解和结构分析时采用了静态分析方法。基于竞争优势的构建与持续动态过程，对企业竞争优势内在要素的递进关系和演化进行分析，本书采用动态分析的方法，以更好地探寻企业竞争优势及其构成要素变化的过程和规律。

（3）系统分析与重点分析相结合

影响高新技术企业持续竞争优势的因素很多，涉及企业内外部的各个方面，本书在研究中既注意理论体系的完整性，又强调突出影响高新技术企业竞争优势的重点因素，做到系统分析与重点分析相结合。

1.4 创新之处

（1）结合高新技术企业这一特定研究对象，突破传统的竞争优势静态研究层面，根据高新技术企业竞争优势的发展演变规律，从优势形成、持续阻力、优势再造3个过程对高新技术企业竞争优势的动态演化进行了比较系统深入的分析，基于动态视角形成了比较完整的高新技术企业竞争优势分析框架。

（2）基于高新技术企业的耗散结构的特征分析，论证了高新技术企业竞争优势具有内在的不可持续性。结合高新技术企业发展的动态复杂环境，指出高新技术企业竞争优势能否持续取决于企业自身资源与能力配置能否与外部环境相匹配。

（3）从竞争优势再造诱因、再造导向、再造动力、再造路径四方面建立了高新技术企业持续竞争优势再造分析框架，为高新技术企业持续竞争优势问题的进一步理论研究和实践探索提供了一个新的思路和方法参考。

（4）基于高新技术企业高知识性的特点，通过建立数学模型深入分析了高新技术企业知识体系演化规律，论证结构知识、能力知识以及价值知识在企业知识体系演化中的作用，在此基础上确立了高新技术企业持续竞争优势再造动力要素。

(5) 构建了高新技术企业持续竞争优势评价指标体系，结合模糊综合评价与灰色关联评价方法建立了高新技术企业持续竞争优势评价模型，从绝对优势与相对优势两方面比较全面地对高新技术企业持续竞争优势进行定量评价研究。

1.5 本章小结

本章是对全书内容的初步概括，首先阐述了研究的背景、目的及意义，比较系统地梳理了国内外高新技术企业持续竞争优势领域的研究文献，总结了现有研究成果的优势与不足。介绍了本书的主要研究内容，并对本书在研究思路、研究方法等方面的创新之处进行了概述。

第2章 高新技术企业竞争优势来源分析

2.1 高新技术企业概念及特征

2.1.1 高技术与高新技术

“高技术”在英文中为“High technology”，一般简称“High-tech”，对其内涵不同国家也有不同界定。在美国，对高技术的界定主要基于知识和技术含量这一指标，要求高技术产品中上述两项指标成本占比必须大大高于劳动力和材料成本。各国经济学界的学者从不同角度对它的涵义进行了界定。美国学者认为，凡是知识和技术在产品中所占的比例大大高于材料和劳动力成本的产品称为高技术产品[36]。在日本，高技术以具有升级换代标准的技术水平为依据进行界定，高技术主要包括计算机、微电子、光电子、软件、通信以及生物技术等。法国对高技术的界定与美国类似，认为高新技术产业必须具备知识密集特征。

在征询国内专家意见后，我国国家科技成果办公室将高技术定义为：建立在综合科学研究基础上，处于当代科技前沿，对促进社会文明、发展生产力和增强国家实力起先导作用的新技术群。技术群必须具有国际性、战略性，还要具备渗透性和增值性，必须是知识、人才和资金密集的新技术群[37]。我国对高技术的界定是对高技术与新技术进行了融合，既指当代高技术也包含一般性新技术。

需要特别注意，高新技术的“高”与“新”是一个动态、相对的概念，不能僵化的理解，“高”与“新”都是随着时间和空间的变化而不断变化和发展的。可以看出，不同国家甚至同一国家的不同历史时期也会对高新技术有不同的界定。“高技术”与“新技术”均决定于一国或地区不同时期的经济和科技发展状况以及发展战略。

总之，高新技术应该是以当前世界科学技术的新发现、新发明为基础，以知识、智力和研发密集投入为条件，正在或将要引起社会生产和生活方式变革的技术或技术群。对高新技术的界定要充分考虑3个因素：一是技术性，必须是当代的前沿技术或尖端技术；二是新兴性，应属于近几年或近十年来才兴起并得到应用的技术；三是经济性，必须拥有广阔的市场化空间或产业化前景，有助于社会经济的快速发展。

2.1.2　高新技术企业界定

世界各国对高新技术企业的界定标准均存在一定差异。美国界定高新技术企业主要按照 R&D 强度和 R&D 人员两个标准。日本则将“技术密集程度高、节约资源和能源、技术创新速度快、增长能力强并能在未来时期拥有较大市场规模、能对相关产业产生较大推动作用的企业”定义为高新技术企业。与美国标准类似，联合国经济合作与发展组织界定高新技术企业也以 R&D 强度为主要指标，R&D 强度包括研发费用在总产出中的比例以及科技人员占总劳动力的比例两个方面。

在我国，《高新技术企业认定管理办法》和《国家重点支持的高新技术领域》由科技部、财政部、国家税务总局联合颁布，将生物与新医药技术、电子信息技术、新材料技术、航空航天技术、高技术服务业、新能源及节能技术、资源与环境技术和高新技术改造传统产业等 8 个领域定为国家重点支持的高新技术领域，在上述领域从事生产经营并在知识产权、专科以上学历科技人员比例、研发人员比例、研发投入比例、高新技术产品收入比例等方面符合《高新技术企业认定管理办法》及《高新技术企业认定管理工作指引》要求的企业可以被认定为国家级高新技术企业。除国家认定标准外，我国各省市也结合区域特点在国家标准的基础上制定了省市级高新技术企业的认定标准。

综合以上分析，可以将高新技术企业概括为专门从事高新技术的研究、设计、开发以及高新技术产品的生产、销售、服务等活动的知识密集型企业。这是一个有阶段性、动态性和地域性的概念，并与特定的经济、科技水平相关联。在国家或地区的不同发展时期，对高新技术企业的界定也会发生变化。一旦高新技术企业在技术创新、顾客价值实现等方面不能满足环境变化与竞争要求，就会影响企业绩效，甚至逐渐丧失竞争优势，变为传统企业或在竞争中被淘汰。

2.1.3　高新技术企业特征

作为一种特殊的企业组织，高新技术企业的成立以高新技术为基础，与传统企业相比具有更高的科技与知识含量，归根结底，高知识高技术是高新技术企业的本质特征，在这一本质特征基础上，高新技术企业又衍生出高创新高风险、高成长短周期的典型特征：

（1）高知识高技术

知识密集、智力密集、技术密集和研发（R&D）资金密集是高新技术企业的重要特征。高新技术企业的成立必须以知识为依托，将技术、信息以及智力等知识要素在组织内进行有效整合，最终形成企业的核心能力。高新技术企业产品收益主要来自其高附加值，信息、技术、专利、技能等知识要素已取代机器、设备等有形资产成为影响高新技术企业效益的关键生产经营要素。高新技术企业创立者通过环境变化把握新的市场机会，迅速整合有效的技术、信息、智力资源，通过知识创新开发新的产品或服务，满足已有或新的市场需求，主动利用环境变化来提升企业绩效、应对市场竞争。企业的竞争力与竞争地位在很大程度上取决于企业的技术能力、智力资本等知识要素。

（2）高创新高风险

高新技术企业的创新过程依托于高新技术，存在较高的风险，这种风险体现在技术、管理以及市场等各个层面。与传统行业比较而言，高新技术的获得意味着非常高的成本，高新技术企业一般都会有较高的 R&D 投入，然而较高的投入并不一定意味着有较高回报，并且环境的不确定性也对 R&D 产出的市场回报带来较高风险。创新程度越高，技术越复杂，高新技术企业的投入就越大，风险性越高。因此，高新技术企业创新性和风险性均远远高于一般传统企业。

（3）高成长短周期

由于高新技术企业拥有独特的高新技术优势，当其产品或服务创新满足了市场需求，企业就可凭借产品的新颖性迅速地占领市场，并凭借高技术壁垒为企业带来高额收益，促进了高成长，高新技术企业有可能在极短的时期内通过跨越式发展成长为大公司。此外，当前环境下科技发展日新月异，技术进步日益加速，高新技术研发、生产应用周期迅速缩短，高新技术产品的生命周期也日益缩短，高成长性的行业特点也使高新技术企业具有变化速度快、生命周期短、倒闭率高的特点。

另外，我们可以从人员、技术、资金等方面，对高新技术企业与传统企业进行具体比较（表 2.1）。从表 2.1 的分析中，也可以看出高新技术企业面临着更加复杂的外部环境，需要更高素质的人才以及资金支持，面对着更大的经营风险，在高新技术企业中，高技术居于核心地位。

表 2.1　高新技术企业与传统企业比较

要素		传统企业	高新技术企业
人员	科技人员比率	低	高
	员工文化程度	一般	高
	管理者素质	要求不高	要求高
	普通人工投入	多	少

（续）

	要素	传统企业	高新技术企业
技术	产品生命周期	长	短
	产品技术含量	低	高
	信息技术依赖性	为备选工具	依赖度高
资金	资金需求特点	稳定	不稳定
	研发经费投入	少	多
经营风险	技术风险	低	高
	投资风险	低	高
	市场风险	一般	高
	管理风险	一般	高
经营效益	人均产值	低	高
	原材料/成本	高	低
	资金利润率	一般	高
变化速度	环境	较稳定环境	复杂多变环境
	增长速度	快慢不一	快
	市场需求	稳定	变化较快
	组织结构	较稳定	变化较快

2.2 高新技术企业竞争优势来源分析框架

2.2.1 高新技术企业竞争优势概念

许多著名学者均关注过企业竞争优势这一研究领域。斯格迈克从市场地位定义了竞争优势，认为企业的市场地位是由其人力资源配置决定的，当企业能够系统地、持续地获得超过行业平均水平利润时，企业就具备了竞争优势[12]。波特认为顾客价值是竞争优势的出发点和归宿，能否为客户创造价值是竞争优势的决定性因素[9]。巴尼的观点和斯格迈克相似，但他指出竞争优势的标准不是行业平均利润，而是与竞争对手比较，如果利润水平能够持续高于竞争对手则说明企业具有竞争优势，而这种企业之间能力的差异体现于现有和潜在的竞争对手难以复制其价值创造性战略[11]。

可以看出，以上论述的竞争优势都是在一定的时空条件下研究企业的竞争优势，假设外部环境是基本不变的，带有明显的静态、稳定特征，即假设企业面临的是一个稳定、可预测的环境。在这种环境下，企业要做的就是选择发展前景广阔的行业，或者拥有独特的战略资源或者核心能力，就可以在市场竞争中形成优势地位，产生竞争优势，从而获得持续成长，这也意味着企业可以通过不断调整组织结构，整合内部资源来适应环境的有限变化[38]。

目前理论界针对高新技术企业这一特定研究对象的竞争优势的确切内涵尚未达成共识，而且应用中也基本没有将高新技术企业与一般企业竞争优势进行有效区分。高新技术企业作为建立在高新技术基础上的新型企业组织，具有智力或知识密集特征。与传统企业相比，具有高成长性、高风险性等特殊特点。因此，高新技术企业竞争优势属于企业竞争优势的一般范畴，又有别于企业竞争优势的概念。

借鉴企业竞争优势的概念，结合高新技术企业的特点，本书将高新技术企业竞争优势定义为：高新技术企业以长期积累的知识、技术等资源与能力为基础，在有效的“可竞争性市场”环境下有效地获取、协调和配置各种资源和技术的独特综合绩效表现，具体表现为同等条件下比竞争对手向顾客提供更高的价值，从而保证企业在一定时期内获得的利润高于同行业平均水平，它是高新技术企业在发展过程中对各项资源与能力进行培育、积累、整合、应用、维护与提升的结果。

高新技术企业竞争优势是一种暂时优势。如前所述，高新技术企业面对的是快速变化的市场环境，具有技术周期短、高竞争强度的特征。因此，高新技术企业任何一种特定的竞争优势都是暂时的竞争优势，必将随着企业外部环境以及内部要素条件的变化而发生变化[39]。

2.2.2 企业竞争优势来源内外综合观

(1) 企业竞争优势外生论与内生论

如前所述，伴随着企业竞争优势概念的提出，理论界就对竞争优势的生成来源展开了广泛的研究，比较有代表性的成果可以划分为两类：竞争优势外生论与竞争优势内生论。比较有代表性的成果主要内容如表 2.2 所示。

表 2.2 企业竞争优势外生论与内生论代表成果

优势来源	学派	主要内容	缺陷	代表学者
外生论	新古典经济学派	以企业效能为出发点，面对外部环境压力，如果企业能够做出有效调整，就可获得持续成长	未考虑企业内部因素，不能解释同一行业内企业绩效差异	Mason Bain
	战略管理学	产业选择与竞争地位两个因素共同决定企业战略的选择，进而决定竞争优势	不能解释在面临相同行业环境条件下，依然存在竞争优势差异	Proter

（续）

优势来源	学派	主要内容	缺陷	代表学者
内生论	资源观	企业在本质上是各种资源束的组合体，企业拥有的资源特别是异质性资源决定了企业的竞争优势	不能解释资源对可持续竞争优势发挥作用的过程“黑箱”	Barney Peterraf
	能力观	企业的竞争优势取决于企业能力，企业在核心能力、核心产品、最终产品 3 个层面上的竞争结果最终决定企业能否获得超额绩效	能力观面临的一个无法解决的问题就是“核心能力刚性”	Selznick C. K. Prahalad Gary Hamel
	行为制度观	价值观念、道德准则以及行为规范等会影响企业发展，上述要素构成的社会环境势必影响到企业资源的积累和选择，进而决定企业能否获得竞争优势	行为制度视角一定程度上是资源能力观的延伸，企业无法单独获得竞争优势	Davis North Hall Oliver

（2）企业竞争优势内外综合观

对比上述内生论、外生论传统理论，二者并不是完全的对立关系，在很多方面其实是互相补充的。举例来说：以资源和能力为基础的竞争优势内生论强调企业开发组织资源以实现竞争优势构成了 SWOT 分析框架的优势劣势分析部分，而战略管理理论的行业分析则构成了机会威胁部分，因而这两种观点涉及的是 SWOT 分析方法中不同的应用领域，在解释企业的竞争优势方面是一种互补的关系。优势内生论强调了企业在开发和组织资源实现竞争优势方面的因素的重要性，但行业影响也不可忽视，环境的变化可能改变资源对企业的重要性。

当前学术界对企业竞争优势的研究呈现内外融合的趋势，即竞争优势的综合观。综合观认为单一要素分析具有较强的局限性，强调对企业竞争优势影响因素的综合分析，在单独应用内生论与外生论的理论与方法时，必须扩大分析角度，融合其他学派的理论与方法。自从古典战略理论率先展开对竞争优势的研究以来，学术界也从未对竞争优势的内、外来源完全严格分开，只是研究焦点有所侧重。企业竞争优势外生模型与内生模型存在着较强的互补关系。环境外生观理论与方法在很大程度上可以帮助企业识别自身利用机会、缓解威胁的企业特性，资源能力观理论与方法可以帮助企业识别能够产生竞争优势的特殊资源与能力。

一些学者对于竞争优势的相关研究已经呈现出综合观的倾向。Haeckef 和 Stephan 在 1999 年曾提出一个包括认知资源、物资资源、企业领域和产业领域四个变量的竞争优势的系统模型[40]。Knudsen（1999）则认为，研究企业竞争优势时必须将竞争优势看作由各种因素相互综合作用的结果，企业内部及外部环境的因素均会对企业竞争优势产生影响[41]。

从以上分析可以看出，对竞争优势内生论和外生论关于企业竞争优势解释的这些相同和互补之处使得建立一个综合的模型成为可能，也只有综合才是对企业竞争优势最有解释力的一种观点。通过分析二者在解释企业竞争优势方面的一致性，可以得出解释企业竞争优势的一个比较综合的框架，如图 2.1 所示。

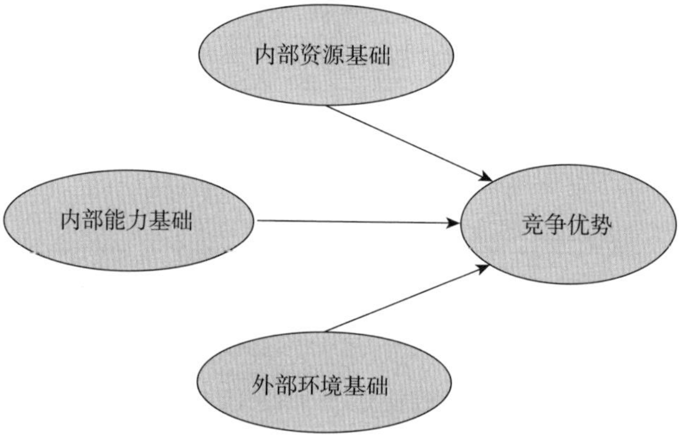

图 2.1　企业竞争优势的综合观

2.2.3　基于综合观的高新技术企业竞争优势来源分析

基于上述分析，本书认为，对高新技术企业竞争优势的来源要素也必须从内、外两个维度加以考虑。因为竞争优势综合观分别从企业内部和外部环境两个维度比较全面地对企业竞争优势来源进行研究，所以本书对高新技术企业竞争优势来源各要素的分析也基于竞争优势综合观展开。

企业竞争优势的资源基础论认为竞争优势来源于企业所拥有的资源与能力。由于人力资源、专利、技术设备等资源具有稀缺性，能够为企业带来经济租金，成为企业生存与发展的基础。企业为获得竞争优势，必须具备资源配置的能力，如科研技能、质量诀窍、学习能力均是企业获得持续竞争优势的重要来源要素。

从高新技术企业内部来看，高新技术企业是从事高科技产品的研究开发与生产的人才密集、技术密集、资金密集型企业。高新技术企业的创立就是基于人力资源、知识产权等异质性资源和技术、先发优势、规模经济等特异能力。高新技术企业在异质性资源与特异能力的基础上，通过对资源与能力的有效融合可以帮助企业克服市场、管理以及技术等方面的风险，促进企业的持续发展。所以，对高新技术企业来说，人力资源、知识产权是其独特的异质性资源，而先发优势、规模经济和技术核心能力无疑是其获取竞争优势的关键能力因素。

从竞争优势外生论的观点可以看出，外部环境对企业同样有着不可忽视的作用，外部环境因素与企业成长息息相关，在很大程度上决定着企业的经营绩效，进而决定企业竞争优势的获取与维系。对具体企业来说，相对于其他环境要素，产业环境更加直接地影响企业的运营与发展，企业所处产业的要素禀赋、分工链条、相对价格决定了企业的获利机会和生存威胁。不同的产业内竞争强度是不同的。因而，不同的行业具有不同的利润率与不同的竞争压力。

根据波特的观点，在一个良好的产业环境内，市场需求潜力巨大，技术开始标准化，产品可以大规模生产，但由于技术、资本和政策等进入壁垒导致进入者还不多，因而行业平均利润率非常高，所蕴涵的无限机会和有限门槛从根本上帮助企业卸掉了市场开拓的固定成本。在这种情况下，哪怕竞争力非常一般的企业都可获得较为丰厚的利润。所以，良好的产业环境是企业竞争优势产生的一个重要来源条件。

综上所述，本文基于内外两个维度分析影响高新技术企业竞争优势的主要因素，并将资源、能力与产业环境作为主要考察视角，构建高新技术企业竞争优势来源的分析框架，如图 2.2 所示。

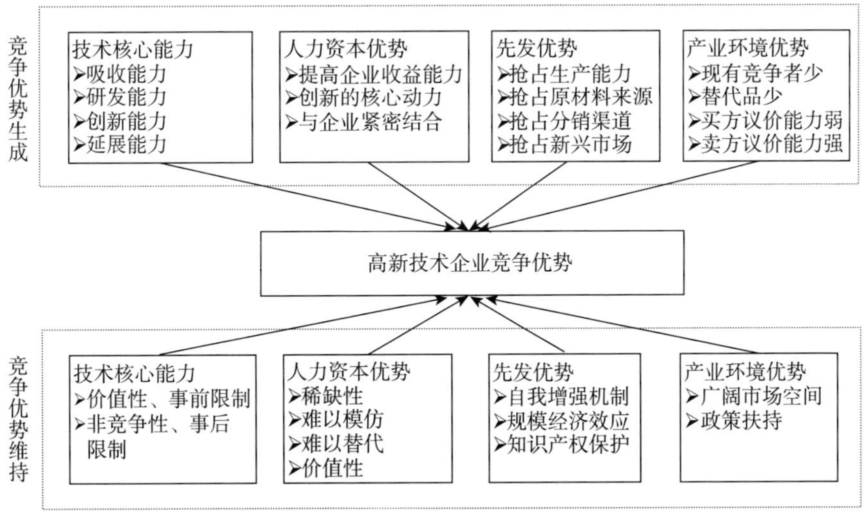

图 2.2　高新技术企业竞争优势来源分析框架

2.3 技术核心能力与高新技术企业竞争优势

2.3.1 技术核心能力

(1) 技术核心能力概念与特征

技术核心能力即企业所具有的能够通过对企业资源进行独特整合，不断形成核心技术并通过核心产品不断扩散核心技术，从而产生竞争优势的特殊性组织能力。

技术核心能力具有技术能力与核心能力的共有特征，体现在难以模仿性、价值性、刚性、非竞争性、整合性、外溢性6个方面。

①难以模仿性。不同于普通的标准工艺、技术规范、标准工艺或通用设备，技术核心能力是企业累积性学习和集体学习的结果，具有独特性和模糊性的特点，因而使竞争对手难以模仿。

②价值性。技术核心能力能够使企业降低成本，提高企业生产效率，为顾客带来独特价值，因而具有价值性。

③刚性。与企业拥有的实物资产不同，技术核心能力难以从企业主体中分离出来，具有较强的稳定性。这种稳定性在外部环境发生变化时往往体现出抗拒变革的刚性。

④非竞争性。非竞争性生产要素是指具有较强专用性，难以通过市场手段购买的企业生产要素。技术核心能力的形成是正式知识转化为非正式知识和默会知识的积累过程，必须以团队成员共同经验为基础才能使用和分享。技术核心能力难以通过市场进行定价和配置，只能通过自身的内部积累获得。

⑤整合性。必须指出，技术核心能力并不是指企业仅仅在某一项或几项技术上拥有优于其他企业的突出能力，而是企业对一系列关键技术和相关技能的整合能力。

⑥外溢性。企业一旦构筑了自身的技术核心能力，就可以充分发挥技术核心能力的辐射作用，通过技术核心能力将核心技术融合到其他相关产品与工艺中，从而持续地创造出新工艺或新产品。

(2) 技术核心能力在高新技术企业中的具体表现

技术因素对高新技术企业成长的影响是毫无疑义的，技术因素的作用来源于高新技术企业自身的定义。在一般企业中，机器设备是企业的主要生产手段，物质要素在企业生产运营中处于主导地位。而对于高新技术企业，以知识产权垄断或科技转化优势为基础的技术领先地位是其保持市场长期增长的物质基础。技术领先、技术垄断和由此形成的坚实的市场壁垒是高新技术企业的立足点，如果没有技术领先的支持，企业不可能获得竞争优势[42]。

技术核心能力在高新技术企业中具体表现在以下方面：

①获得新技术的能力。技术的复杂性决定了高新技术企业在创新中必须借助于企业外部力量，不可能总是依靠自身力量进行技术创新。企业通过技术合作或人才引进等方式，可以获得企业急需的新知识与新技术。

②创造新技术的能力。只有具备一定技术创新能力的企业才能成为真正的高新技术企业。高新技术企业要想获得新工艺、新技术、新设计，必须通过技术形成自身特有的知识产权。

③开发新产品、新工艺的能力。技术创新的价值性最终要通过技术转化能力将其适时产业化或商业化，转化为新工艺或新产品[43]。

2.3.2　技术核心能力对高新技术企业竞争优势的作用

(1) 技术核心能力是高新技术企业竞争优势的异质性要素

美国管理学者彼德拉芙 1993 年发表的《竞争优势的奠基石：资源学派的观点》，提出了竞争优势形成的四个条件：资源异质性、事后限制竞争、不完备的要素流动性和事前限制竞争，被称为基于微观经济学分析逻辑的企业竞争优势模型。

①技术核心能力价值性及其存量的事前限制。一般来讲，技术核心能力的形成要经历核心技术-核心产品-核心能力的历程，其中，核心产品和核心技术可以归纳为企业硬性核心竞争力，技术核心能力可以归纳为企业软性核心竞争力[44]。硬性核心竞争力与软性核心竞争力均在企业长期的生产经营中逐渐积累而成，企业竞争优势取决于两种竞争力的存量。高新技术企业对机遇的把握在很大程度上取决于技术核心能力的存量水平及其价值性，因而构成了高新技术企业对竞争对手的事前限制。

②技术核心能力非竞争性的事后限制。技术核心能力的非竞争性与要素市场的不完全性问题是紧密关联的，企业竞争战略成功的必要条件就是企业所拥有的关键性资源难以通过市场交易获得，具有独特性，是企业特有的。由于技术核心能力的非竞争性，限制了技术核心能力在市场中及企业间的自由流动，高新技术企业由此获得了竞争战略的独特性，可以有效对竞争行为进行限制，由此获得竞争优势。

(2) 技术核心能力对高新技术企业竞争优势的作用机制

技术核心能力一般经历由基本技术能力向技术核心能力的演进历程，这一过程直接影响到企业竞争优势的形成，并间接影响高新技术企业的成长与发展。技术核心能力对高新技术企业竞争优势的作用机制，可分为 3 个层次（图 2.3）。

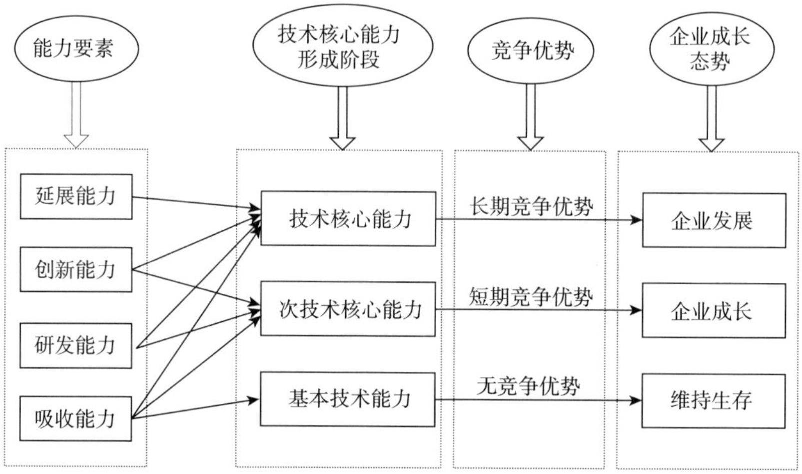

图 2.3 技术核心能力与高新技术企业竞争优势

①基本技术能力对高新技术企业生存的作用。高新技术企业创立初期，技术储备较少，不具备独自进行技术开发的能力，往往需要通过技术引进、技术吸收来获取技术资源。通过获取外部知识，进行人力、物力、技术以及制度的优化组合，企业可以获得基本的技术能力，在此基础上通过技术能力与市场的结合，获得市场开拓能力，从而可以在短期内获利。但是由于基本技术能力易于被竞争对手模仿，只能维持企业的生存需要，并不能为企业带来竞争优势。

②次技术核心能力对高新技术企业成长的作用。高新技术企业通过对原有技术进行二次开发，可以形成自身的核心技术。基于这种核心技术，高新技术企业可以开发出差异性产品，在竞争中领先对手，迅速开拓市场，获得竞争优势，为企业成长积累必要的物质技术资源基础，使企业具备一定的研发与创新能力，生产工艺不断改进，生产流程不断改善，生产规模与市场占有率也不断提升。由于次技术核心能力并没有形成技术平台，不能融合到其他相关产品与工艺中，因而较容易为竞争对手模仿，只能为高新技术企业带来短期竞争优势。

③技术核心能力对高新技术企业发展的作用。高新技术企业在次技术核心能力基础上，充分发挥研发与创新功能，就可以构建技术平台，利用技术核心能力的延展性，发挥其耦合功能与协同作用，将核心技术不断融合到其他相关产品与工艺中，从而在相对稳定的环境中长期领先于竞争对手，获得长期竞争优势。在这一阶段，高新技术企业的成长呈现出量的提高与质的成长。一方面，技术核心能力使企业不断推出新产品，市场份额不断扩大，为企业积累起

进一步发展所需的物质与技术资源。同时，物质与技术资源的积累又为技术核心能力的进一步提升奠定了必要的资源基础。高新技术企业由此在相对稳定的环境中获得长期竞争优势。

需要特别指出，技术核心能力为高新技术企业带来竞争优势的“长期性”是一个相对概念，是在静态环境下的“长期”，当外界环境发生急剧变化时，技术核心能力的刚性及依赖性反而有可能会成为阻碍高新技术企业持续成长的重要阻力之一。

2.4　人力资本与高新技术企业竞争优势

2.4.1　人力资本与企业竞争优势

企业竞争优势资源观的代表人物巴尼认为，能为企业带来竞争优势的资源必须同时具备价值性（valuable）、难以模仿性（inimitable）、稀缺性（rare）、难以替代性（nonsubstitutable）四种特性（一般简称为 VIRN 属性）。VIRN 属性分析框架可以用来分析企业中的人力资本，以分析人力资本对高新技术企业竞争优势的作用机理。

(1) 人力资本的价值性

从资本的角度看，劳动者所拥有的技术、能力和知识是企业价值增值的重要源泉；从会计核算的角度看，人力资本的资产价值和劳动者诸多活动对企业的贡献可以在数量上体现为企业资产增值；从人力资本绩效来看：一方面各种人力资本的组合可以发挥团队优势为企业带来价值；另一方面，员工的态度、行为也可以为企业带来明显的附加价值。

(2) 人力资本的难以模仿性

学者于增元（2021）指出，人力资本虽然有时外在表现为单一特性，但其培育是一个复杂系统，各种要素之间具有动态性、相关性和协同性，外界很难完全复制[45]。人力资源对企业的作用多表现为默会性的知识、经验和行为惯例。个人和组织的行为不仅取决于人力资源的特性，例如能力以及态度等，还取决于许多外在因素，如企业所提供的机会与条件等。因此，人力资源与个人和组织的行为之间存在着一种非常复杂的映射关系（图 2.4）。这种映射关系的复杂性使竞争对手难以识别基于人力资本角度的竞争优势的真正来源，也就限制了竞争对手对其进行模仿的可能性。

(3) 人力资本的稀缺性

由于存在知识和认识能力的差异，使人力资本具有异质性，因此，人力资本不可能是一种分布广泛的资源。高能力的人力资源在特定的历史时期内总是

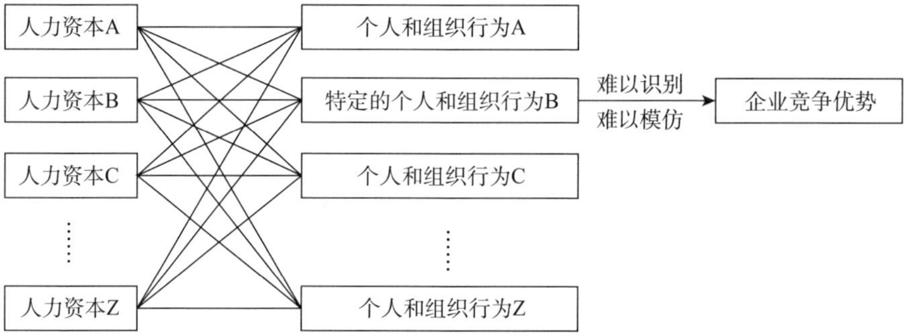

图 2.4　人力资本、个人和组织行为与企业竞争优势的映射关系

少数，不可能被不同的企业同时占有。因此，人力资本是各个企业竞相争取的对象。

(4) 人力资本的难以替代性

随着人的阅历、经验增加，人力资本的价值也增大。社会分工的存在使人力资本专用性不断增强。企业不会放弃对企业有用的人力资源，也不会使用不适合企业专长的人力资源。因而，人力资本具有难以替代的性质。

2.4.2　人力资本优势对高新技术企业竞争优势的作用

在高新技术企业中，技术要素处于重要地位，而人力资本则是维护技术要素特性的重要资本结构。人力资本已经成为高新技术企业生存和发展的关键，高素质的人力资本也正是高新技术企业赖以创立和发展的根源。我国科技部对高新技术企业认定的重要条件就是："企业职工中专科以上学历科技人员必须占到 30%以上，其中从事高新技术产品研发的科技人员比率须达到 10%以上"，可以说，高新技术企业的创立就是建立在巨大的人力资本优势基础之上的。

人力资本优势是其高新技术企业竞争优势的重要来源之一，人力资本对高新技术企业竞争优势的作用主要体现在以下几个方面：

(1) 人力资本优势可以提高高新技术企业收益能力

高新技术企业的一个重要特点就是依靠员工的智力进行生产活动，而这种智力是隐性储存在人体中的，与依附于生产资料上的显性物质资本有明显区别。在现代高新技术企业中，人力资本作为提高企业收益能力的核心要素，其作用和重要性远远超过了物质资本，企业绩效越来越多地由知识型人才直接创造，一个优秀的研发人员或经营管理人员可以比一个普通员工多创造几倍甚至几十倍的价值，正基于此，强大的人力资本优势将极大地提高高新技术企业的收益能力，从而增强其竞争优势。

（2）人力资本是高新技术企业技术创新和管理创新的核心动力

高创新性也是高新技术企业的重要特性之一，也是推动企业进步的重要因素，市场日益复杂多变，企业必须在变化中通过技术创新、知识创新、管理创新、制度创新、组织创新来适应变化甚至寻求变化。而所有创新活动均离不开人力资本的支持。举例来说，技术创新归根结底依托于技术员工的智力创造，组织创新依托于管理层的知识、经验和决策能力。不同于普通资本，人力资本不存在边际收益递减现象，具备智力优势的高技术高知识人才，不但通过自身特长获得工资、股票等高额物质报酬，更通过自身的创新能力为企业获得超额回报，促进企业发展。因此，高新技术企业将凭借卓越的人力资本在与其他企业竞争中占据有利地位。

（3）人力资本投入者与企业的联系更为直接和紧密

在知识经济时代，人力资本在高新技术企业中呈现出与传统物质资本截然不同的重要作用，直接体现为人力资本成为对抗企业风险的重要基石，与企业生存发展高度关联，在某种程度上可以称为命运共同体，呈现出高耦合性。即人力资本发挥独特作用促进企业发展，企业发展反哺人力资本，相互适应、相互促进形成正反馈机制，构成了人力资本在企业间流动的壁垒。同传统企业相比，人力资本对高新技术企业的生产、经营、管理有着更密切的联系，在企业中处于风险前沿，在企业风险识别、应对中发挥着更重要的作用，这种紧密结合的机制更有利于发挥资源整合作用，创造竞争优势[46]。

2.5　先发优势与高新技术企业竞争优势

2.5.1　先发优势

先发优势又被称为先行优势，是战略管理学的一个基本概念。Makadok 指出，先行优势主要通过企业提前占据的领先地位为企业带来高于竞争对手的市场价格或者提前抢占比竞争对手更大的市场份额，从而获取高额收益[47]。Thompson 和 Strickland 提出获得先发优势的主要手段有以下几种：提高企业在购买者心目中的形象和声誉；先行进入市场能够获得关键原材料来源、新技术和分销渠道等，形成规模优势以至于转变了一个企业或行业的成本边界；先行者建立了令其他竞争对手难以改变的顾客忠诚；先行者形成了先入为主的印象令竞争者难以模仿[48]。

在消费品市场上的有关研究也表明，先发优势与企业绩效之间存在着正相关的关系，第二个进入某个市场领域的企业，在绩效方面往往只相当于第一个创新者的70%，而第三个进入该市场的企业，其绩效水平仅相当于第一个创新者的58%[49]。无独有偶，罗伯逊（Robertson）（1993）在对先行者优势所进行的研究中发现，市场领先者往往可以赢得大量的市场份额，而处于第二位的追随者可以赢得的市场份额仅仅相当于市场领先者的76%，第三个进入市场的企业则仅仅相当于市场领先者的51%[50]。

随着竞争的日益加剧，企业竞争的焦点正逐渐从质量、成本转向速度，能否先于竞争对手洞察和迎合市场需求将在很大程度甚至在根本上决定企业的竞争优势。现代严密的知识产权保护政策可以帮助企业树立技术优势，学习曲线可以帮助领先企业更加快速地提高生产效率，远远甩开竞争对手。企业还可以利用先发优势带来的超额收益建立区位、产品特性优势，垄断优质资产，建立行业或产品标准提高顾客的转移成本，进一步扩大领先优势。

2.5.2 先发优势对高新技术企业竞争优势的作用

从高新技术企业的角度来看，先发优势仍然在激烈的企业竞争中发挥着重要作用，高新技术企业之所以能够获得先发优势，根本原因在于高新技术企业的高创新性，高新技术企业基于创新属性，开发出新产品、新技术，占领新市场，从而领先竞争对手。并且，由于知识技术的自我增强、锁定效应、规模经济效应、知识产权保护等机制使高新技术企业得以进一步巩固先发地位，可以在相对稳定的环境下在一定时期内获得并维持先发优势。

先发优势体现在知识技术的自增强机制。采用新技术的新产品一旦获得市场认可，往往容易引起市场流行效应，会反过来促进新技术和新产品的推广。如图2.5所示，高新技术产品一般均出现在新兴市场，通常在初始阶段即独占或占有较大市场份额，产品的流行程度越高，顾客越容易产生良好的预期，为企业继续研发推广新产品奠定领先基础。高新技术产品市场占有率达到临界点后，新用户选择该产品的概率会达到50%以上，此时高新技术产品实现完全的自我增强，任何后进入该领域的同等竞争产品均无法实现比现有产品还高的市场增长率，只能在竞争中逐渐被淘汰。高新技术企业的先发优势正是利用这种自我增强的良性循环来锁定客户并战胜竞争对手的，微软公司的Windows操作软件便是先发优势自增强机制的典型例证，而塞班手机操作系统在与其他同类系统竞争中消亡则从另一方面验证了先发优势对企业生死存亡的重要作用。

锁定效应也称为黏滞效应，指客户放弃原有价值网络，转换成为其他价值网络的客户需要付出较大的代价，客户对原价值网络具有较大的依赖性[1]。高新技术企业利用新技术、人力等优势资源，率先了解顾客需求，以创新战略领先于竞争对手建立价值网络，可以让客户享受到一站式服务，进而产生依赖

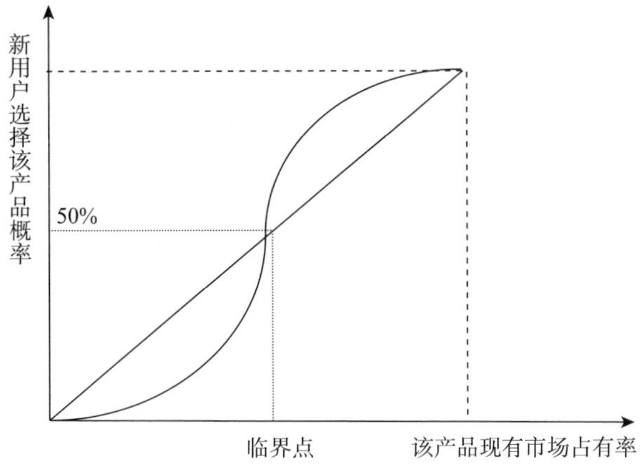

图 2.5　高新技术产品自我增强机制

性。也就是说，现有价值网络的建立使顾客的转换成本提高了。因此，高新技术企业先行优势的锁定效应体现在不仅能够提升顾客满意度，甚至能够让顾客对整个网络产生依赖性，进而提高客户的忠诚度。

先发优势还意味着先行企业有可能率先实现规模经济。相对于传统企业，知识、技术等要素以高度稳定的形态集聚于高新技术企业，学习曲线的存在又进一步增强了这种稳定性，稳定的要素结构可以为企业节约一系列的交易成本。从企业的生产成本来看，知识要素的边际效用递增作用可以极大地减少知识产品的变动成本，由此也会产生规模经济效应。

此外，先发优势还意味着企业可以利用知识产权优势来保持其先发地位[51]。知识产权极大地促进了高新技术企业的创新积极性，使其率先研发新产品、新技术、新工艺，并通过知识产权的确认和保护防止竞争对手进行低成本的仿冒。例如，爱迪生和贝尔公司同时在研制现代电话技术，处于激烈的竞争状态，贝尔公司由于比爱迪生公司早几个月研制成功并申请了电话技术专利，使得贝尔公司在电话通信领域长期独占天下，随着网络外部性效应的增强，贝尔公司的电话系统专利被证明价值数千亿美元。

2.6　产业环境与高新技术企业竞争优势

2.6.1　竞争优势的产业分析理论

针对企业竞争优势的来源分析，基于产业环境的角度，学术界均做了大量的理论和实践研究。张伯伦最早从产品差异性角度分析产业环境带来的竞争优势，他认为，产品之间存在着普遍的差异性，消费者并不认为产品之间是完全可替代的，因而非价格竞争如产品的技术、设计、广告、新产品文化传达以及渠道也十分重要。当前环境下，越来越多的产业证明，强者越强的正反馈机制在很多产业中出现，互联网、电子通信、电子商务等很多产业被少数几家企业控制，在一些特定行业甚至有寡头垄断市场现象发生。著名学者贝恩从卖方集中度、买方集中度、产品差异性的重要性以及进入市场障碍四个方面提出了产业的市场结构的关键要素[8]。而产业环境分析中最具代表性的则是波特提出的“五力”模型，起源于波特提出的经典“结构-行为-绩效”产业组织范式。波特指出，产业吸引力是决定企业竞争优势的首要和根本因素，具体由现有竞争者、潜在进入者、供方、买方、替代品五种力量决定[9]。在相对稳定、静态的产业结构中，企业的竞争优势将取决于企业所处行业的相对地位。波特的产业分析开创了研究企业竞争优势的先河，其勾勒的 5 种竞争力量对于企业选择竞争领域提供了极具操作性的指导。

2.6.2 产业环境对高新技术企业竞争优势的作用

企业不能脱离环境而生存，产业环境在诸多环境要素中对企业影响更为重大。企业面对环境变化如何避免生存威胁、找到发展机会在一定程度上取决于产业状况，产业结构、资源集聚程度、供应渠道、产业链的分工协作水平都会影响企业发展[52]。

基于产业的市场空间和技术发展趋向，我们可以将产业分为四种类型，分别是启蒙产业、成长产业、成熟产业和衰退产业。我们可以依据波特的 5 种竞争力模型来对上述 4 种类型的产业进行相应的评价（表 2.3）。

表 2.3 产业景气矩阵

产业	特征				
	现有竞争者	潜在进入者	替代品	买方议价能力	卖方议价能力
启蒙产业	少	少	多	强	强
成长产业	少	多	少	弱	弱
成熟产业	多	多	多	强	强
衰退产业	多	少	多	强	弱

通过表 2.3 可以明显看出，成长产业是对企业最有吸引力的产业类型，其特征是市场需求潜力巨大，技术开始标准化，产品可以大规模生产，但由于技术、资本和政策等进入壁垒导致进入者还不多，因而行业平均利润率非常高。成长产业所蕴含的无限机会和限制门槛，从根本上帮企业卸掉了市场开拓的固定成本，在这种情况下，哪怕竞争力非常一般的企业都可获得较为丰厚的利

润。因此，企业最重要的战略选择应该是如何进入一个成长性产业[53]。

高新技术之所以能够成为高新技术，其根本原因就在于高新技术是建立在领先科技水平基础上，拥有广阔成长空间、正在或将要引起社会生产和生活方式改变的技术或技术群。如本章开篇所述，具备新兴性、技术性以及经济性，能够带动一国的经济和技术发展，拥有广泛的市场化、产业化前景，有助于增强国家竞争力的技术或技术群才可以被认定为高新技术。上述标准也是国家认定高新技术产业范围的一个根本依据。

国家对高新技术产业的界定本身也蕴含了支持高新技术产业发展、为高新技术产业创造良好发展环境的含义。随着新技术的发展，各国竞争的焦点正从传统产业向高新技术产业转移，当前，几乎所有发达国家都把高新技术产业作为发展重点，将高新技术产业作为增强综合国力的重要战略保障，希望其能够成为重要的科技推动力量并持续创造经济增长点，高新技术产业正受到越来越多的关注。可以预见，随着经济竞争的日益加剧，世界各国均会进一步加大力度扶持高新技术产业的发展，对于处于这一产业中的高新技术企业，必将拥有广阔的市场前景以及宽松的政策环境，有利的产业环境是高新技术企业竞争优势的重要来源。

2.7　本章小结

本章首先对高技术、高新技术以及高新技术企业进行了概念界定，进而指出高知识高技术、高风险高创新、高成长短周期是高新技术企业的本质特征。基于竞争优势综合观分析高新技术企业竞争优势来源，指出技术核心能力、人力资本、先发优势与产业环境是高新技术企业竞争优势的主要来源，并深入分析各因素对高新技术企业竞争优势的作用机理。

第3章 高新技术企业持续竞争优势阻力分析

3.1 高新技术企业持续竞争优势概念解读

3.1.1 企业竞争优势的生命周期

与技术和产品一样，企业某项特定的竞争优势也存在生命周期。一般都会经历形成、维持和消散3个阶段。拥有竞争优势的企业获得超额收益的时间是不持续的，环境的快速变化或者对手的报复均会影响企业的优势地位进而降低企业绩效，这时企业原有的优势会遭到侵蚀和破坏，直至消失。竞争优势的变化轨迹一般呈现出S形曲线轨迹，如图3.1所示。

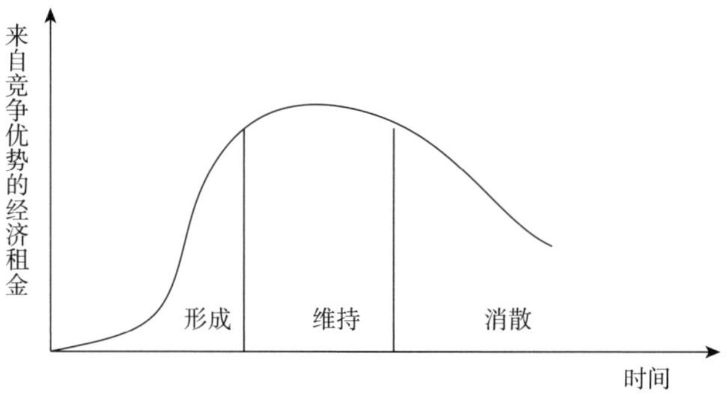

图3.1 企业竞争优势的演变轨迹

(1) 竞争优势形成阶段

在这一阶段，企业由于技术核心能力或先发优势等要素而获得竞争优势，但优势的超额利润源泉作用尚未在市场中完全显现，因此未引起竞争对手的过多关注。企业有机会不断升级自身的异质性资源或核心能力，消费者对企业产品的认可程度不断提高，企业的产品的市场占有率也逐渐提高，企业的竞争优势为企业带来经济租金的能力不断增强。

(2) 竞争优势维持阶段

在竞争优势维持阶段，企业仅仅局限于对原有产品或技术的微小改进，企业成长速度相对前一阶段有所减缓。竞争对手基于对经济租金的关注，开始搜索企业相关信息，投入人力、财力、物力来模仿领先企业做法，甚至于寻求替代该竞争优势的策略。在此阶段，由于竞争对手的模仿行为尚处于探索期，先发企业仍能获得较强、较稳定的竞争优势，获取经济租金的能力仍处于较高阶段。但在获得超额经济租金的同时，企业对环境变化的敏感性也越来越差，企业的核心能力刚性在逐步增强。

(3) 竞争优势消散阶段

企业某种特定的竞争优势必然受到外部环境变化的影响与制约，如政府政策的改变、竞争对手的技术创新、消费者偏好变化、专利保护到期等均会对竞争优势的延续产生影响。因此，随着环境的变化与时间的推移，某种特定形式的竞争优势必然最终消散。在竞争优势消散阶段，其他企业持续模仿先发企业行为，采取行动替代先发企业的核心资源与能力。使先发企业面临巨大的市场竞争压力，不再具备先前产生经济租金的能力，转变企业经营管理模式以及开拓市场行为又受到自身路径依赖制约，核心能力刚性也使企业竞争优势的持续受到巨大障碍，只能在环境的变化中逐渐衰亡。

上述环境变化、路径依赖与能力刚性是高新技术企业中普遍存在的，竞争优势生命周期也是针对某项特定的竞争优势而言的。竞争优势生命周期模型表明，企业所拥有任何一种具体形式的竞争优势最终均会消散，企业也无法获得某项竞争优势的永久持续。

3.1.2　高新技术企业持续竞争优势概念

(1) 持续竞争优势的传统概念

按照波特、巴尼、希特等传统战略管理理论学者的观点，持续竞争优势是指能够在长期内一直维持的竞争优势。也就是在相当静态、稳定的环境下，企业对自身资源与能力配置有清晰的规划，针对竞争对手的行为采取有效的阻击方案，防止行业内竞争对手对自身的资源与能力进行模仿，维系自身的优势地位。这实际上就是保护现有优势，而非创造新的优势。

然而，根据本书前文对竞争优势生命周期的描述分析，企业任何一种特定形式的竞争优势最终均会消散。传统战略管理理论对于持续竞争优势的研究结论均是基于相对稳定的外部环境得出的，是一种静态的观点。当前企业身处快速变化的技术和市场环境中，对其持续竞争优势的研究也必须脱离传统战略管理理论的静态观点，必须基于环境的变化以及动态的视角才能深刻而完整的理解企业持续竞争优势的内涵。

(2) 高新技术企业持续竞争优势

企业原有竞争优势将被环境变化引发的“创造性破坏”（creative destruction）重新定义，当外部环境发生变化时，企业原有的竞争优势可能会因为不适应变化衰退为市场竞争的基本条件，特殊情况下甚至有可能成为企业发展的障碍或制约因素。因此，企业只有提升应对环境变化能力，在剧烈的环境变化中开发机会，在前一个竞争优势衰退之前适时开发新的竞争优势，不断进行竞争优势再造，才能获得真正意义的持续竞争优势。

在市场偏好变动显著、技术飞速发展、竞争全球化及世界经济一体化的时代，企业获得持续竞争优势的唯一途径就是不断进行竞争优势再造，即持续竞争优势再造。面对环境的不断变化，企业只能不间断地进行突破创新，持续形成新的竞争优势，构建相互继起的连续竞争优势，形成连续的竞争优势波浪式前进轨迹。

图 3.2 为企业持续竞争优势示意，即随着环境的不断变化，企业从当前的竞争优势 I 升级到竞争优势 II 直至竞争优势 N。企业在前一竞争优势尚未下降时就应该开始创造新一轮竞争优势，这样，当原有的竞争优势进入消散阶段前，新一轮竞争优势已开始进入上升期，以此类推，持续循环进行，最终实现竞争优势的良性循环，通过竞争优势的持续转换，企业获得真正意义上的持续竞争优势。

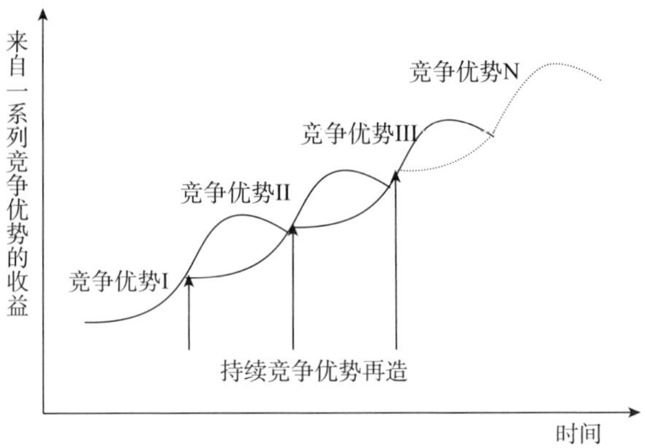

图 3.2　企业持续竞争优势示意

在动态复杂环境下的高新技术企业持续竞争优势指高新技术企业在分析和预测外部环境变化的基础上，能够不断调整与更新自身资源与能力配置，以适应外部环境变化，并持续创造新的竞争优势，实施相应的创造高度市场价值的战略，从而使企业能够持续获得高于同行业平均水平利润的绩效表现。

3.1.3　高新技术企业持续竞争优势特点

（1）整体性

持续竞争优势不是特指或局限于企业某发展阶段中的某种竞争优势，而是针对高新技术企业的整体发展过程而言的。真正意义上的持续并不仅仅是指某一阶段的竞争优势，而是一种不断进行竞争优势再造的过程。因此，尽管高新技术企业某种既定形式的竞争优势迟早要消散，甚至有可能演变为竞争劣势或障碍，但是如果企业能够在其发展期内再造出新的竞争优势以替代或补足竞争优势的消散，就可以在整体上获得持续竞争优势[53]。

(2) 综合性

高新技术企业持续竞争优势是一种综合优势。它是高新技术企业的知识、能力、技术等要素综合相互作用的结果。高新技术企业是否具有持续竞争优势从表面上看表现为高新技术企业在市场上与对手竞争的结果，但实质上，不但高新技术企业所处的市场环境会决定企业持续竞争优势，企业的能力系统、目标导向与资源系统等各层次的相互配合也会在很大程度上决定高新技术企业持续竞争优势。

(3) 价值性

高新技术企业持续竞争优势最终要通过市场来实现，企业必须在与竞争对手竞争中向顾客提供更高的使用价值，掌握顾客核心需求，才能在竞争中时刻保持领先地位，给企业持续带来超过同行业平均利润水平的超值利润。消费者是决定持续竞争优势的最终裁判，高新技术企业内部资源和能力配置与市场变化匹配程度越高，企业的持续竞争优势就越显著。

3.2　内部耗散结构对高新技术企业持续竞争优势阻力分析

3.2.1　耗散结构的基本原理与企业耗散结构特征

(1) 耗散结构的基本原理

耗散结构（dissipative structure）原理可概括为：一个非线性的远离平衡态开放系统（无论此系统是物理、化学乃至经济、社会系统），通过与外界不断地进行能量和物质交换，当某个参量在系统内部发生变化达到阈值时，系统可能通过非平衡相变（又称突变）由原来无序状态转变为在功能或时间、空间上的有序状态。由于这种新的稳定有序结构的形成需要不断与外界进行能量与物质交换才能维持，故称为“耗散结构”。在耗散结构中，系统混乱程度要由熵来度量，有序程度则可以用负熵来度量。系统只有不断地从外部环境中吸收负熵，才能使系统的总熵减少，才能达到有序化。

(2) 企业的耗散结构特征

耗散结构的形成需要具备开放性、远离平衡态、涨落、非线性相互作用 4 个特征条件，企业明显具有耗散结构的特征：

第一，企业是一个开放系统。企业必须依存于外部环境中生存发展，这就必然与政府、上下游企业、顾客产生联系，与外界进行资金、信息、技术、物流交换，对输入的资源进行整合，转为产品或服务对外输出。

第二，企业是远离平衡态的。企业系统中各个子系统的构成元素之间存在较大差别，很难做到部门、人员、管理层级之间的责、权、利完全平衡配置。无论是从企业整体看，还是企业内部看，企业都在一种不平衡状态中存在与发展，所以可将企业看作一种远离平衡态的系统。

第三，企业内部也存在着导致企业有序演化的随机涨落。员工或企业管理层的创新性想法或者企业内部的一次偶然突发事件，都有可能使企业进行一次技术创新、管理创新或组织创新，通过重新配置企业资源满足市场需求，实现企业竞争力提升。

第四，企业内部存在非线性相互作用。企业内部资源与能力之间的关系具有高度的复杂性，绝大多数情况均非简单的线性关系可以概括。企业的投入与产出、各层级、各部门以及员工之间也存在非线性作用关系。

基于以上分析，作为一个复杂的开放系统，企业时刻与外部环境进行物质、能量、信息交换。当外部环境相对稳定时，企业也处于相对稳定、有序的状态。但是这种稳定状态是暂时的，新的竞争很快会打破这种稳定状态。无数的稳定状态组成的动态过程即企业发展进化过程。企业的发展进化在一定的时空中进行，是与企业外部环境变化相互作用的综合过程，这一过程是动态数量累积过程，而不是静态的自我稳定。

3.2.2 基于耗散结构特征的高新技术企业持续竞争优势阻力分析

(1) 高新技术企业熵变模型

根据耗散结构论，一个开放系统熵的改变不仅要考虑系统内部的熵产生，还要考虑系统与外界环境的熵交换。在高新技术企业的运行过程中也存在这两种类型的熵：企业内各部门之间的矛盾、决策层之间的冲突等事件会冲击现有的管理制度，会在企业系统内产生正熵（熵增），各种正熵最终累计为企业系统的总熵增值。如果企业系统是封闭的，熵值将无限上升。而现实中企业总是在开放系统中生存与发展，对现有管理方式的改革、内外部信息交换、人才与知识流动都将引入系统外部的物质和能量等，也就是负熵，从而减少系统总熵值，实现系统稳定。高新技术企业总熵增的关系由下式表示：

$$\mathrm{d}s = \sum \mathrm{d}_i s + \sum \mathrm{d}_e s \tag{3-1}$$

如果把单位时间的熵增定义为系统的熵增率，可将上式改写为：

$$\frac{\mathrm{d}s}{\mathrm{d}t} = \sum \frac{\mathrm{d}_i s}{\mathrm{d}t} + \sum \frac{\mathrm{d}_e s}{\mathrm{d}t} \tag{3-2}$$

即高新技术企业的熵增率为系统内部总熵流 $\sum \frac{\mathrm{d}_i s}{\mathrm{d}t}$ 与系统和环境进行物质、能量、信息交换等引起的外部总熵流 $\sum \frac{\mathrm{d}_e s}{\mathrm{d}t}$ 之和。进一步分析可知，当 $\frac{\mathrm{d}s}{\mathrm{d}t}<0$ 时，企业系统总熵呈下降趋势，则企业有序度增加，企业竞争优势得到保持；当 $\frac{\mathrm{d}s}{\mathrm{d}t}>0$ 时，企业系统总熵呈上升趋势，企业有序度降低，企业竞争优势持续性受到挑战。为保证高新技术企业系统能向高序平衡态进行，必须降低企业系统总熵值，即满足：

$$\frac{\mathrm{d}s}{\mathrm{d}t}=\sum \frac{\mathrm{d}_i s}{\mathrm{d}t}+\sum \frac{\mathrm{d}_e s}{\mathrm{d}t}<0 \tag{3-3}$$

$$\text{即} \left|\sum \frac{\mathrm{d}_e s}{\mathrm{d}t}\right|>\sum \frac{\mathrm{d}_i s}{\mathrm{d}t} \tag{3-4}$$

也就是说，高新技术企业为维持竞争优势，必须通过环境引入足够的负熵流，以抵消系统内部熵增。

（2）高新技术企业熵流来源与持续竞争优势

在高新技术企业这一耗散结构中，存在负熵流、正熵流与总熵流三种熵流，其中负熵流与正熵流因为其独立存在，可称为独立流；总熵流则等于负熵流与正熵流的代数和，可称为非独立流。只需对高新技术企业负熵流与正熵流进行分析，即可考察高新技术企业总熵流状态。在高新技术企业的日常经营管理中，产生熵的因素有很多种，为便于对竞争优势持续性的分析，本书将来自于企业组织内部的熵流称为企业熵流，将来自于企业组织外部环境的熵流称为环境熵流。这样，根据熵流的正负与来源，可将熵流分为企业正熵流、企业负熵流、环境正熵流与环境负熵流四类。

高新技术企业的内部矛盾冲突不断地产生正熵并促成正熵的持续增加。企业的耗散结构特征决定了正熵是企业运营的必然结果，正熵的生成在某种程度上具有主动性与自发性特征，只要企业进行经营管理，正熵的产生就不可避免。正熵的不断增加将导致高新技术企业管理效率降低，企业组织稳定性减弱。在高新技术企业的经营管理中，产生企业正熵流的因素有：拉帮结派、工作拖拉、组织松散、管理者恣意行使职权、员工猜疑、片面追求个人利益、越位管理等。

对高新技术企业而言，导致环境正熵流的因素主要有竞争对手的竞争、经济进步与技术变革、社会消费需求的改变、政治法律环境的变化以及公众意识的改变等。在上述因素中，经济进步与社会变革对高新技术企业正熵流的作用最为明显。

高新技术企业要想强化企业管理的有序度，必须生成用于抵消正熵的负熵。在一个现实企业中，企业的负熵并不具有像正熵一样的自发性与主动性的性质，必须依赖于人为因素的强制作用。也就是说，企业内部负熵流的形成只能借助于外界的人为施加动力，也就是说企业负熵带有明显的强制施加性。高新技术企业可以通过以下制度与措施产生负熵流，如强化企业管理、引导非正式组织发展、加强信息沟通、营造良好企业文化等。

环境负熵流对高新技术企业的稳定与发展至关重要，作为典型的耗散结构，高新技术企业内部一般是不会产生负熵流的，即使有负熵产生，其积累与增长也是非常缓慢的，从外部环境中引入组织稳定有序所必需的负熵流才是增加负熵的有效途径。可能生成环境负熵流的因素有：企业组织对环境变化采取正确有效的应对措施、合理的企业组织发展规划、企业组织对市场的积极关注与敏捷反应、企业组织对技术进步的追求等。企业组织对外部环境的适应能力越强，企业组织的熵值就越低，高新技术企业就可以在低熵状态下向更高层次的有序结构发展（图 3.3），因此，对环境的适应是高新技术企业组织生存的关键。

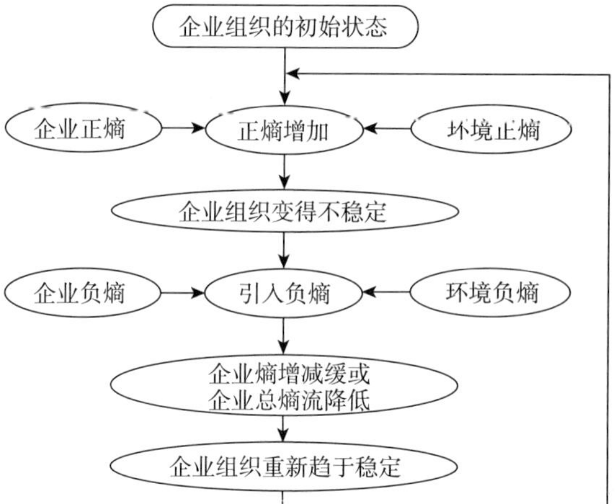

图 3.3　高新技术企业熵流控制模型

通过以上分析，可以得出以下两点基本结论：

第一，根据熵增原理，高新技术企业的竞争优势不会自发维持，在一个封闭的环境下，企业的熵增是必然趋势，随着企业内部正熵的增加，竞争优势会逐渐呈现递减趋势，高新技术企业为维持原有的竞争优势，必须开放企业边界，从外界环境引入负熵流。

第二，高新技术企业竞争优势是否可持续，取决于正负熵流的数量关系。

只有不断地引入负熵流以弥补企业熵增，企业的竞争优势才可能得到延续。而正负熵流的来源为企业内部及外部环境，正负熵流的数量关系取决于企业与环境的匹配程度，企业内部要素与外部环境匹配程度越高，企业竞争优势的可持续性就越强，企业内部要素与外部环境匹配程度越低，企业竞争优势的可持续性就越弱。因此，企业竞争优势能否持续取决于企业与环境的匹配程度，也就是企业内部的资源与能力能否适应外部环境的不断变化。

3.3　外部环境对高新技术企业持续竞争优势阻力分析

3.3.1　当前企业发展环境的动态复杂性特征

环境广泛而深刻地影响着企业的产品、服务、市场、技术、客户以及资源分配等各个方面，任何一个企业的生存与发展、经营和管理，都离不开特定的环境背景，并不可避免地要受到其中诸多环境因素的影响。对环境的认识、理解、尊重、适应与把握，是企业竞争优势的重要来源。因此，环境问题是企业竞争优势研究领域的重要范畴。

企业的环境划分有不同标准，基于环境确定性视角，罗宾斯（1997）将环境划分为变化维度和复杂维度[54]。环境按变化程度分为动态环境和稳态环境，前者指环境要素大幅度变化的环境，后者指变化很小的环境。环境的复杂程度是指企业环境中要素数量及企业所拥有的与这些要素关联的知识广度，按其程度可分为简单环境和复杂环境。从而可将环境的不确定性分为简单稳态、简单动态、复杂稳态和复杂动态四种环境类型（表 3.1）。

表 3.1　环境不确定性矩阵

		变化程度	
		稳态	动态
复杂程度	简单	稳定的和可预测的环境；要素少，要素有某些相似并基本上维持不变；对要素的复杂知识要求低	动态的和不可预测的环境；要素少，要素有某些相似但处于连续的变化过程中；对要素的复杂知识要求低
	复杂	稳定的和可预测的环境；环境要素多，要素间彼此不相似但单个要素基本维持不变；对要素的复杂知识要求高	动态的和不可预测的环境；环境要素多，要素间彼此不相似并且处于连续的变化过程；对要素的复杂知识要求高

资料来源：斯蒂芬・P. 罗宾斯．《管理学》（第四版）．北京：中国人民大学出版社，1997，第 66 页。

20世纪80年代之前，企业面临的基本上可以称为相对稳定、可预测的环境。自90年代初期以来，在网络经济、信息经济和知识经济日益明显的超强竞争作用下，有利于环境稳定的规则、国界与控制等因素影响作用趋于弱化，企业的经营环境正从以前相对稳定的静态环境转向日益复杂多变和充满不确定性的动态复杂环境。动态复杂环境的主要特征是环境的变化速度及竞争交互。其主要表现在以下5个方面[1]：

(1) 快速变化的经济环境、制度环境、政治环境、社会环境、文化环境、技术环境和产业竞争环境中的不确定性，竞争对手行为、顾客偏好的复杂性和不确定性等。

(2) 与不同的环境感知所引发的竞争互动和导致上述环境变化的众多关联因素有关的复杂性，如上述各种变化之间的互动、竞争对手间的互动、企业利益相关者之间的互动、联盟网络与虚拟企业的日益流行等。

(3) 在组织内部，由决策者与受决策影响的人之间的冲突而引发的不确定性，如知识与信息共享中的矛盾与冲突、进行价值观念更新和企业重组过程中的不确定性等。

(4) 消费需求变化加快且难以预测，狭窄的顾客市场利基，竞争规则的变化，产品生命周期缩短，新技术层出不穷，技术创新呈现连续中断而导致产品-市场可能很快出现和消失。

(5) 以知识为代表的无形资产要素成为企业日益重要的战略资源，成为决定企业生死存亡的最有价值的资产和最锋利的竞争武器。

3.3.2 动态复杂环境对高新技术企业持续竞争优势的影响

高新技术企业的“高、新”等核心特征，既是造成环境动态复杂多变的源头，也使高新技术企业自身成为环境变化影响的最大承担者。和传统企业相比，超竞争、超动态、超复杂和超不确定性的环境特征在高新技术企业中表现得更加突出。

在动态复杂环境下，环境变化的速度大大提升，随之而来的是环境变化周期大大缩短。一个周期的结束往往立刻伴随着下一个周期的开始。这种动态复杂多变的环境特点使企业面临着新的竞争形势，竞争的深度与广度均在新的层次展开。这将最终改变企业的竞争优势来源，决定企业未来发展战略。企业必须在内部资源能力调整与外部环境变化之间做出适应性平衡，动态调整发展战略，以适应外部环境变化，在复杂多变的环境中面对优胜劣汰，做到适者生存，谋求新的发展机遇。

波特的结构战略理论立足于两个隐含的基本假设：①产业结构相当稳定，产业环境基本不变。②企业战略的基本着眼点在于结构已经明晰可辨的产业中进行最终产品的市场定位[9]。在动态复杂环境下该理论的假设已存在一定缺陷。

日益加深的技术渗透与产业融合使当前的产业边界日益模糊，“产业突变”“创造性破坏”越来越频繁地出现于信息技术等高科技领域。面对动态复杂多变的外部环境，波特理论用于分析持续竞争优势时往往难以奏效。

与波特理论相似，资源与能力基础观也仍然是一种静态分析。然而在现实中资源与能力的培育在动态环境中也越来越呈现出动态性特征。面对提斯等学者提出的核心能力刚性问题[21]，资源能力基础观也显得苍白无力，无法从根本上解释竞争优势在动态环境下的持续性问题。

基于以上分析，可以将动态复杂环境对高新技术企业持续竞争优势的影响概括如图 3.4 所示。

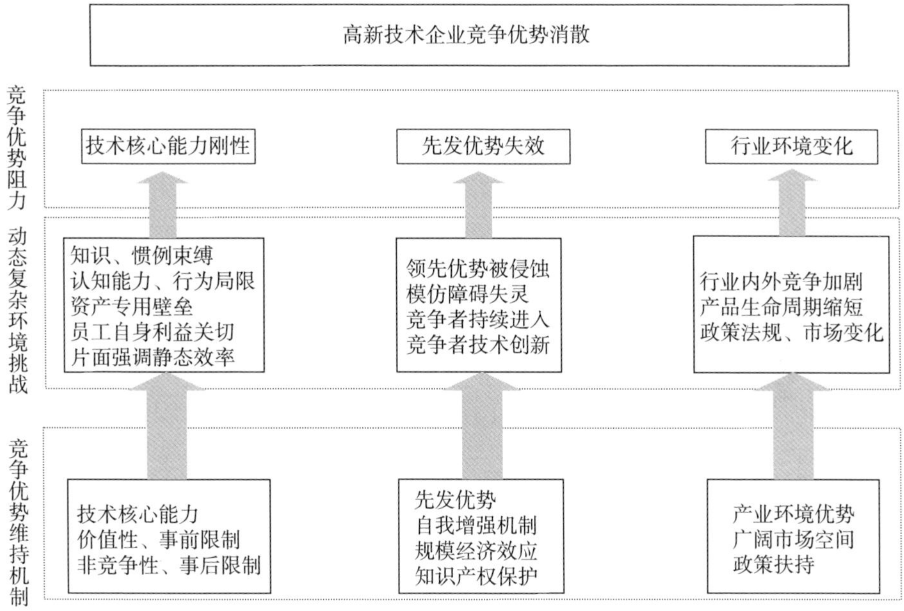

图 3.4　动态复杂环境对高新技术企业持续竞争优势影响

3.3.3　动态复杂环境下高新技术企业持续竞争优势阻力分析

3.3.3.1　技术核心能力刚性

（1）技术核心能力刚性概念

如本书上一章所述，技术核心能力本身具有刚性特征。技术核心能力刚性是指在企业组织结构、企业文化等具有明显路径依赖特征因素作用下，企业的技术核心能力逐渐强化，当企业外部环境变化要求技术核心能力做出相应改变时，技术核心能力难以在短时期内迅速进行调整，继续保持原来固有的性质和状态。在没有外力破坏的情况下，技术核心能力刚性将长期存在并自我强化下去。

技术核心能力的刚性特征来源于企业所掌握的独特技术技能、操作技巧、组织文化等具有较低的延续成本，以及经验积累所具有的稳定性和抗拒变革性等方面，并具有自我强化的机制。在静态环境下，高新技术企业的技术核心能力刚性使企业的核心能力难以复制并具有较低的延续成本，成为竞争优势的重要来源之一。

然而，技术核心能力也是一柄“双刃剑”，会使成功的高新技术企业陷入两难困境：①高新技术企业必须维护现有的技术核心能力，因为这些技术核心能力为高新技术企业创造了一个具有特质性的竞争优势，使高新技术企业在市场竞争中获得了丰厚利润。②当在内外环境发生变化时，已有的技术核心能力可能成为高新技术企业发展和变革的障碍，技术核心能力所具有的刚性特征会使企业陷入能力陷阱，如果高新技术企业还只是专注于挖掘当前技术核心能力，那么很有可能断送高新技术企业的未来。技术核心能力的刚性特征决定了高新技术企业在动态复杂环境下竞争优势的非持续性。核心能力刚性伴随核心能力成长，而在动态复杂环境下，市场变幻莫测，技术换代迅速发生，而企业的知识配置却由于有固定范式不能快速调整，造成技术核心能力难以调整或调整缓慢，成为企业成长的制约因素和企业获得持续竞争优势的巨大阻力。

(2) 技术核心能力刚性成因

技术核心能力刚性的产生原因比较复杂，归纳起来，主要有以下几种：

①企业已有知识、惯例的束缚。企业已有的知识、惯例，尤其是以往成功的做法和经验，会形成一种思维定势。由于企业既有的思维定势，在吸收外部信息时会自发地启动过滤系统，与企业现有知识、经验或做法无关的、不符合企业文化或思维惯例的信息会有意或无意地被忽视，长此以往会限制企业的创新活动，削弱企业从外部吸收知识的能力，如果企业意识不到这一点并及时做出改变，最终将形成牢不可破的刚度限制企业发展。

②企业成员的认知能力与认知行为局限。由于信息的不对称性与信息的不充分性，加之人们行为的有限理性，决定了企业成员认知与决策的局限性。由知识惯例与认知束缚导致的核心能力刚性可由图 3.5 表示。

③企业员工或管理者对自身利益的关切。当企业员工被要求创建适应新环境的新核心能力，即意味着他们要放弃现有核心能力。企业管理者出于对创新成功的信心不足以及对现有技术成果的迷恋，很少会主动做出有损现有核心能力的行为。

④片面强调核心能力静态效率。由于已往技术核心能力为企业带来的成

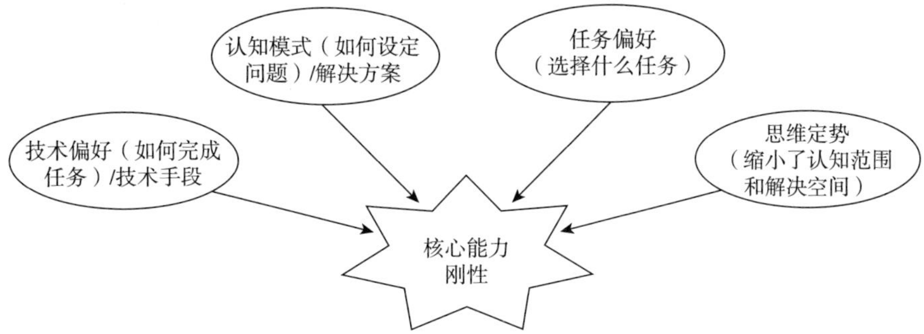

图 3.5　知识惯例与认知束缚导致的核心能力刚性

功，企业在拓展现有能力与开发新能力间进行权衡时，往往倾向于拓展现有能力，专注于静态效率的发掘，因此，抑制了企业的开拓性与创新性动力。

(3) 技术核心能力难以维系高新技术企业持续竞争优势

在复杂动态的环境下，已有的技术核心能力越来越不能承担企业持续竞争优势的重任。在复杂动态环境下，外界环境的重大变化，如技术的根本性变革，会使高新技术企业已有的技术核心能力不能有效支持企业的竞争优势，技术核心能力必须有新的内容，但是，由于核心能力刚性的存在，复杂多变环境对企业技术核心能力更新提出了挑战，路径依赖以及核心能力刚性可能在一定程度上弱化企业的核心能力，甚至使企业的核心能力成为限制企业发展的障碍，原有竞争优势逐渐消失甚至变成劣势，这种弱化在新环境下加速发生。所以，技术核心能力并不能自然维持，在新环境下越来越容易被模仿甚至打破。例如，日益加剧的技术更新可以让企业原有技术优势很快丧失，技术换代可以重构产业边界、重新树立竞争规则。数码相机技术的出现迅速打破了胶卷相机生产企业的技术优势，网盘等存储技术的变革性创新使传统存储设备生产企业的核心优势变成劣势甚至成为阻碍企业生存与发展的障碍。现代技术也可以帮助企业竞争对手迅速侦测企业行为并做出竞争决策，使竞争与反竞争行为更迅速展开，技术优势存在时间可能大大缩短。因此，从这个意义上说，一段时间内企业所构建的核心能力都是暂时的。另外，高新技术企业的外部发展环境总是在迅速变化，适者生存法则同样适用于企业竞争。如果企业不能随着环境变化迅速调整原有核心能力，适应新的外部环境，原有的核心能力就会逐渐削弱，变为一般能力甚至无能力。更为重要的是，由于技术核心能力的刚性，企业对原有技术会陷入痴迷，迷恋原有技术带来的成功，领导和企业员工也会对为企业带来成功的原有价值观、惯例、行为准则过于依赖，导致心智模式以及组织的行为受到束缚，进一步阻碍对原有能力的调整，使企业原有竞争优势无法长期持续。

从实践上看，在传统市场环境中，卓越的生产技术、卓越的营销能力、快速的顾客反应都会为企业带来竞争优势。但信息和技术的快速扩散使其他企业可以快速地学习先进管理模式以及技术引进消化吸收，一些企业赖以谋利的核心技术或能力在很短时间内会演变为所有企业都会拥有的技术或能力，甚至成为行业普通标准或规范，不能继续为原企业提供利润来源。一个明显的例子就是精益生产，由丰田公司最早推行并获得巨大成功。其他公司很快进行模仿，使之成为行业通行的生产模式，不再为丰田公司所独有。一些公司在精益生产的基础上进行了再创新，提出更为先进的“6δ”管理模式，使丰田公司的精益生产优势不再，甚至落后于竞争对手。

3.3.3.2　先发优势失效

（1）模仿障碍失灵

在动态复杂环境下，进入障碍、流动障碍等优势趋于弱化，传统的模仿障碍已不能继续为竞争优势提供保护。学术界对产业进入障碍提出了质疑，指出某些障碍可以阻止新企业进入某些行业，但产业外的既有企业却不受进入产业的壁垒限制。当前技术的交叉扩散、世界经济的一体化、产业界线的模糊性在相当程度上削弱了进入障碍与流动障碍的作用，从而使模仿障碍逐渐失效。造成模仿障碍失效的主要原因还有：市场途径的模仿和超越、知识产权保护的时间限制、规模经济效应的弱化、政府政策的变动等。

（2）领先优势被侵蚀

在动态复杂环境下，技术扩散速度日益加快，削弱了先发者通过学习曲线获得的竞争优势。另外，消费者偏好的变动、产品转换成本降低均在一定程度上侵蚀着先行者的领先优势。先发者的市场优势也会随着后来者的跟进模仿及超越被逐一侵蚀，高昂的壁垒设置成本反而会成为先发者自身的退出壁垒。例如，金霸王电池在1990年首次尝试在产品包装内附赠其发明的电量测试器，该技术带来的竞争优势维系了将近5年才逐渐被劲量等竞争对手攻占。在1995年末，金霸王尝试推出网上电量测试器，并预计这一举措将在未来3年内增加3个百分点的市场占有率。然而，仅1个月后，它的竞争对手就相继推出了网上电量测试器，金霸王公司的竞争优势立刻消失殆尽，巨大广告及维护成本甚至使金霸王公司的网上电量测试器成为公司的沉重负担。

（3）竞争者持续进入

由先发者在某既定行业中获得了超额利润，使得竞争者基于利益驱动持续进入该行业。现有的或潜在的竞争者会探索先发企业的行事方式，模仿其生产技术或工艺，生产竞争性产品在市场需求比较固定或增长速度较慢的情况下，大量增加同类商品的市场供给将使产品价格逐渐回落，降低至正常价格水平，企业只能获得正常行业利润，超额利润也由此逐渐丧失。

（4）竞争者的技术创新

竞争者在模仿先发企业的同时，还会考虑采用技术创新的方式来替代先发企业的技术优势，从而在一定程度上削弱甚至抵消现有优势企业的竞争优势。例如，瑞士手表制造业曾在 700 多年中长期占据市场优势地位，20 世纪 60 年代日本企业通过技术创新开发出先进的石英技术用以生产电子钟表，在极短时期内就占据了极大的钟表市场份额。

3.3.3.3　行业环境变化

（1）产品生命周期缩短

高新技术企业产品中研发成本占有极大的比例，随着技术进步日益加速，高新技术产品生命周期日益缩短，极易成为老化产品，在极短时间内就可导致行业衰亡。科技发展进程表明，人类近 30 年的科技成果数量就已超过了人类以往全部的研究总成果，高新技术产品的生命周期也从 20 世纪初的 40 年缩短至目前的 2～3 年。

因此，在当前环境下，技术进步与扩散效应使得高新技术产品较易被模仿与替代，高新技术企业也很难凭借某项特定的竞争优势来长期保持其市场份额和超额利润。

（2）行业内外竞争加剧

在动态复杂环境下，无论是在行业内还是在行业外，高新技术企业都面临着比以往更加剧烈的行业竞争，竞争优势持续性也面临着更加严峻的挑战。行业内的竞争、行业间的替代均会在一定程度上引起高新技术企业竞争优势的消退。

行业内竞争加剧使各企业极力压缩生产成本，降低市场价格，以维持企业的市场份额，最终结果是行业平均利润水平的下降。行业间竞争往往在产品使用价值可以在一定程度上相互替代的行业中展开，技术突变是行业间竞争的常见行为，其结果是原有行业被新兴行业替代，引起原有行业内所有企业竞争优势的完全消散。比如移动电话业取代传呼业就是一个典型的案例。

（3）政策法规和市场变化

高新技术企业的界定由国家有关部门来执行，企业的竞争优势在很大程度上更易受政府政策法规的影响。国家和地方新的法律法规的出台很可能直接影响高新技术企业持续竞争优势。比如，税收政策的新规定、环境保护新条例都可能影响企业的经营策略，从而影响竞争优势的持续性。我国于 2008 年重新修订了高新技术企业认定办法，相当数量的高新技术企业因此被注销了高新技术企业资格，不再继续享有国家在金融、税收等各方面的优惠政策，竞争优势也因此受到严重削弱。

与此类似，当前环境下消费者偏好的变化速度日益加快，产品属性为适应消费者偏好变化也必须迅速随之改变，将对产品甚至产业结构产生一定影响，在一定程度上也将重新定义企业在行业中的竞争地位，转变企业已有的竞争优势。

3.4 本章小结

本章从内部结构特征以及外部环境变化两方面进行高新技术企业持续竞争优势阻力分析。首先，论证高新技术企业的耗散结构特征，通过建立高新技术企业熵变模型得出高新技术企业竞争优势不存在自发持续机制，其能否持续的根源在于企业内部资源和能力与外部环境的匹配程度。其次，分析当前高新技术企业发展环境具有动态复杂性的特征。上述两方面因素将使高新技术企业行业环境发生变化，导致高新技术企业先发优势失效，技术核心能力出现刚性而无法适应环境变化，最终导致高新技术企业竞争优势无法持续。

第4章 高新技术企业持续竞争优势再造诱因与导向

4.1 高新技术企业持续竞争优势再造

4.1.1 高新技术企业持续竞争优势再造概念

1993年迈克尔·哈默和詹姆斯·钱皮首次提出企业再造思想，很快在企业界掀起了“企业再造”热潮，这种基于再生思想的企业再造被称为企业管理的革命[55]。哈默等提出的企业再造最初主要是指企业管理结构和劳动组织的重新改组。在当前环境下，企业面对不断变化的外部环境，需要持续进行再造以适应新环境的需要，企业再造的应用领域也大大超出了其原有范畴，涉及资产与产权结构、销售结构、产品结构等各个方面的重大革命性变革。当前，企业再造更多的是体现一种创新的思想，即希望从不同的视角对企业原有资源与能力进行整合，对原有的一系列制度进行改进，以此提高企业的经营绩效。在这一点上，哈默等人的再造思想与熊彼特的“创造性破坏”理念是一致的。

基于以上分析，本书将再造思想引入高新技术产业持续竞争优势领域，将高新技术企业持续竞争优势再造定义为：在复杂和动态的环境中，高新技术企业为应对激烈的市场竞争，高度关切外部环境的变化，时刻审视与评估现有核心能力，通过持续不断的调整与更新自身的资源与能力配置，以提升企业经营绩效，达到与外部环境相匹配的动态过程。高新技术企业面临着日益激烈的竞争环境，竞争优势的不断更新是环境对高新技术企业生存与发展的必然要求，因此，持续竞争优势再造是由高新技术企业的本质决定的，这也正和企业再造理论相符。

在理解高新技术企业持续竞争优势再造的概念时，应注意以下几点：

首先，高新技术企业持续竞争优势再造是一种主动行为，再造的主体是高新技术企业，持续竞争优势再造是高新技术企业为适应环境变化而对自身的资源与能力配置进行的必要调整，是一种主动行为，而不是由外界因素或人为强制进行。

其次，高新技术企业持续竞争优势再造是一种持续行为，如前所述，在技术进步与技术扩散日益加速的背景下，没有任何一种产品或技术能够长期占领市场而不被淘汰，因此，高新技术企业必须持续的进行竞争优势的调整与更新，才能持续应对环境变化，保持或提高经营绩效。

再次，高新技术企业持续竞争优势再造是一种超前行为，再造的时机不是在原有竞争优势生命周期衰退或终结时，其基础是建立在对外部环境的密切监控与市场需求的准确预测上，在原有竞争优势衰退前企业就应着手进行各项资源与能力的配置调整，以保持企业竞争优势的有效衔接，防止经营绩效下降。

4.1.2　高新技术企业持续竞争优势再造模型

高新技术企业持续竞争优势来自复杂而广泛的力量，既是复合优势，也是连续优势，对高新技术企业持续竞争优势再造的研究，必须突破传统的非此即彼的一元论思考方式。目前学术界均是从单一视角提出企业持续竞争优势形成与再造的关键要因，每一种理论均无法单独给出企业持续竞争优势再造的全部解释。因此，我们有必要突破传统的竞争优势分析模式，运用动态和系统的思想将各种竞争优势再造要素进行全面整合，以此探索持续竞争优势的再造机理。

本书认为，研究高新技术企业持续竞争优势再造必须回答以下关键问题：首先，高新技术企业为什么要进行竞争优势再造（诱因问题）；其次，高新技术企业凭借什么实现竞争优势再造（动力问题）；再次，高新技术企业通过什么渠道实现竞争优势再造（路径问题）；最后，高新技术企业持续竞争优势再造作用点问题（目标导向）。基于上述四个问题，本书建立了高新技术企业持续竞争优势再造模型（图 4.1）。关于模型中各部分的详细解释，将在本书后续章节中陆续展开。

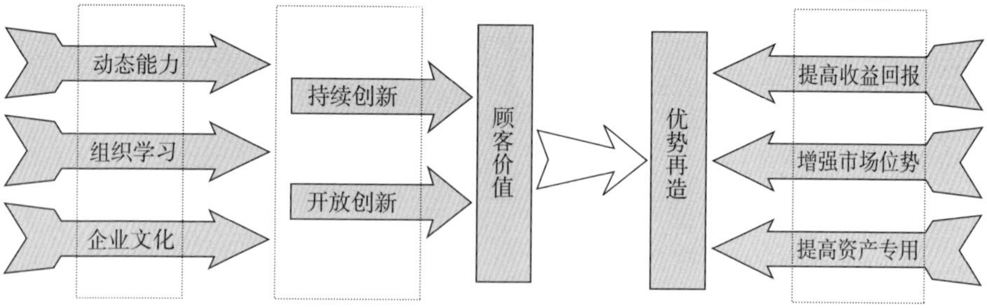

图 4.1　高新技术企业持续竞争优势再造模型

4.2　高新技术企业持续竞争优势再造诱因分析

高新技术企业持续竞争优势再造从根本上说是由自身的本质特征驱动的。如前所述，高新技术企业总是存在于一定的企业环境中的，而企业的环境包括经济环境、社会环境、竞争环境等随时都在发生变化。高新技术本身又具有高风险、短周期的特征，如果企业不具有适应环境变化的自我调节能力和在艰难环境下生存的能力，将会在激烈的竞争中被淘汰。与自然界的物种进化类似，适应环境变化、求生存求发展是高新技术企业持续竞争优势再造的首要诱因。基于生存与发展的根本需要，高新技术企业受以下因素驱使，根据内外部环境变化不断进行竞争优势再造。

4.2.1　提高收益回报

由于高新技术企业具有高投入、高创新、高风险的内在特征，要求高新技术企业必须追求较高的收益与回报。高新技术企业超额利润主要来自效率差异。技术优势通常会为高新技术企业带来两种回报：一是大大提高了产品绩效，如交付使用更快、质量更好、功能上有所突破等。二是降低产品生产成本与使用成本。

为了创造顾客价值，高新技术企业必须通过不断的竞争优势再造来提升产品性能，降低产品成本，提高产品效用，增加用户需求，从而使其产品定价能够高于（或相对高于）市场平均价格，同时能够保持相应的市场份额，从而提高高新技术企业的收益回报。

4.2.2　增强市场位势

市场位势主要是指高新技术企业的产品和服务在市场竞争中所处的地位及所产生的影响力，主要反映出企业在多元化战略、市场定位及产品性能结构等方面的状况，这些方面的优势地位有助于高新技术企业获得高于竞争对手的经营绩效。高新技术企业若要增强市场位势，只能通过与对手竞争实现。而若要在竞争中胜出，必须具备一定的竞争优势。在与竞争对手的互动竞争中，高新技术企业只能通过不断的竞争优势再造始终领先于竞争对手，以增强自身的市场位势，市场位势反过来又进一步促进高新技术企业竞争优势的提升，以此形成良性循环。

高新技术企业一方面可以凭借其占有的有利区位，获取高质量的劳动力和廉价的原材料，节省运输成本，并以此为基础进入和占领其他市场。另一方面，高新技术企业凭借其有利市场位势，可以利用先进技术、专利及管理优势来制定垄断价格，获取超额利润。此外，高新技术企业还可以利用其规模优势，采用低价策略进行市场竞争，从而使高新技术企业市场位势进一步增强，甚至形成垄断。

4.2.3 提高资产专用性

高新技术企业具有高知识的特点，其资产具有较高的专用性，保持知识独立、防止知识扩散也是高新技术企业追求竞争优势再造的原因之一。

高新技术企业所拥有的独特知识、技术以及其他无形资产，是企业竞争优势的重要来源。这些隐性资产具有较难模仿的特点，可以使高新技术企业在一定时期内保持竞争优势。但是在信息化、技术扩散加剧以及技术飞速进步的环境下，由于竞争者的不断进入以及竞争者的创新，高新技术企业原有知识体系变得容易模仿或替代，核心技术专长由于存在刚性难以长久维持。

为了保持知识体系的独立性，防止知识扩散，高新技术企业必须通过组织学习、建立创新的企业文化，改善原有知识体系中的路径依赖现象，创造新的技术与专利，发展自己的动态能力以适应环境的剧烈变化，不断地提高自身知识体系的模糊性、复杂性，构建知识壁垒，增强对手模仿自身知识体系的困难程度，不断地获得新的竞争优势。

4.3 高新技术企业持续竞争优势再造的顾客价值导向

4.3.1 顾客价值理论分析

(1) 传统竞争战略逻辑局限

不论是以企业资源与能力作为出发点，还是以产业结构为出发点，传统的竞争战略逻辑（图 4.2）实质都是以竞争为基点，企业的竞争优势也主要通过与竞争对手的强弱项对比获得。

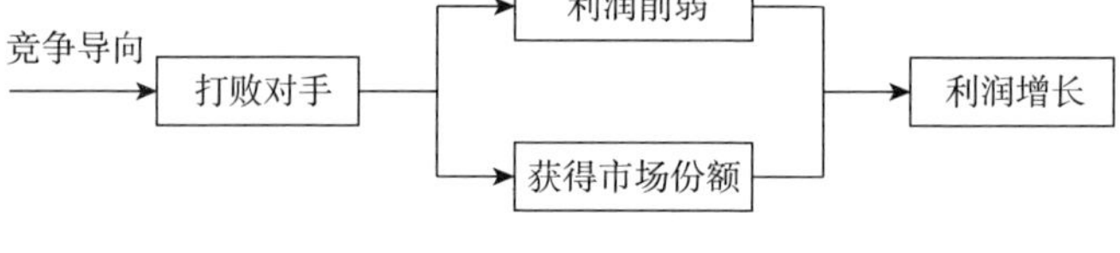

图 4.2 传统的竞争战略逻辑

在传统的竞争性战略逻辑指导下，企业的行为往往产生以下局限：

首先，企业的竞争行为缺乏能动性。对竞争对手的过分关注与反应使企业自身容易忽略市场需求的变化，从而使企业容易丧失新的竞争优势来源。

其次，企业的竞争行为缺乏创新性。企业将战略焦点置于竞争对手，常常使企业注重对竞争对手的模仿而不是创新。

再次，竞争性战略逻辑使企业缺乏对顾客需求的动态研究与思考，对顾客需求的转移与变化的理解是模糊、静态的。

(2) 顾客价值理论创新之处

从以上对竞争性战略逻辑的分析可以看出，竞争只是企业创造顾客价值的一种手段或途径，是竞争优势再造的必要条件而不是充分条件。顾客作为企业外部环境与内部资源和能力的连接点，在企业持续竞争优势再造中应处于目标导向地位，企业必须转变思维方式，将顾客价值作为企业战略导向，从根本上掌握企业收益源泉，才能在激烈的竞争中战胜对手，获得持续的发展。

顾客价值理论的最大贡献在于，要求企业必须真正站在顾客的视角来评价自己的产品和服务价值。在知识经济时代，消费者可以更容易地获得关于产品的大量信息，已不再是传统意义上的“消费”者，更多的扮演着“评价”者，凭借自身对产品的知识储备来对企业产品设计研发、生产、销售甚至回收等各个环节提出自己的见解和要求，消费者之间也可以借助便捷的信息平台建立群体，互相学习分享产品信息，以组团的方式提高话语权，在与企业联系中体现更强势的地位。

顾客价值应被视为竞争优势再造的目标导向，企业在创造竞争优势时必须充分考虑顾客当前及未来的需求，坚定不移地以顾客需求为导向，比竞争对手为顾客提供更多的价值，以此来稳定市场，增强顾客黏性，以顾客为基础不断获得新的竞争优势，获得持久利润来源[56]。

高新技术企业在竞争优势再造时往往陷入“技术陷阱”，以为凭借其高定位、高标准所决定的产品或服务的新颖性和功能化，就一定能够满足现在或潜在顾客的需求，尤其是个性化、新潮化的需求。顾客价值理论告诉我们，维持和创造顾客、满足顾客的价值需求，这不仅是一个技术问题，更重要的是一个市场问题。在一定意义上，顾客的认同和感知比技术先进、功能齐全更重要。

4.3.2　顾客价值对持续竞争优势再造的导向作用

(1) 顾客价值对市场的主导能力

企业要维系老顾客，开发潜在的新顾客，必须要做到的就是使顾客认为自己的产品或服务存在高于竞争对手的价值。简而言之，价值是顾客衡量商品是否值得购买的尺度。在搜寻成本、收入、先前经验和知识有限的前提下，顾客无疑会最大限度地追求价值最大化。在当前买方主导下，顾客的购买行为逐渐趋于理性，他们轻易不会因过去对某产品十分满意而完全放弃对其他产品的关注。这就要求企业的战略出发点必须以顾客为中心，在战略实施中必须先于或高于竞争对手为顾客创造价值。唯有如此，才能持续获得顾客满意度，维系顾客忠诚度，获得高于对手的竞争利润。诸多理论和实证研究均发现，顾客价值、顾客忠诚与企业绩效以及行业份额等指标均存在高度相关性。

（2）顾客价值是企业参与竞争的前提

顾客价值这一视角也为企业竞争优势理论与实践研究提供了新的方向，研究表明：顾客价值决定了顾客选择，顾客所做的就是不断追寻能为其带来更高价值的企业，所有企业的竞争最后也必然归于顾客价值这一原点。离开这一原点，企业所有行为均不具有竞争意义。

（3）顾客价值对产业结构变革的推动

顾客价值是行业结构的建立基础，行业结构必然随着顾客价值的拓展与深化而发生相应变化，原有行业结构的保护壁垒会因顾客价值的创新而失去效用。价值创新者通过其卓越的顾客价值分析能力，发掘潜在顾客价值，通过创新在产业中率先向顾客传递全新价值，以此打破行业壁垒，重新制定行业规则，成为行业新的领袖，以此形成“顾客价值垄断”优势。

（4）顾客价值与资源异质性密切相关

能为企业带来竞争优势的资源必须具有价值性和稀缺性，而顾客愿意支付的价格是企业资源价值性与稀缺性的前提，因为任何异质性资源即使具备价值性与稀缺性条件也无法自发产生任何竞争优势，只有以顾客价值为企业异质性资源与持续竞争优势的关键连接点，才能深刻认识异质性资源对持续竞争优势再造的作用机制。

综上所述，顾客价值理念体现了以顾客为导向的企业成长模式，是对传统企业战略的扩展和超越，顾客价值是企业获得持续发展的基石。因此，建立顾客价值优势，应当是高新技术企业持续竞争优势再造的出发点。

4.3.3 顾客价值导向的高新技术企业持续竞争优势再造

企业当前的发展环境动态复杂，这一趋势将日益明显，高新技术不能沉迷于已有的技术优势，必须时刻关注外部环境变化，识别企业优势与不足，及时调整企业战略，做好战略与环境的动态匹配。企业必须以顾客价值为基础来进行战略制定与实施，实现企业战略与外部环境的良性互动，以此实现竞争优势再造并实现滚动循环（图 4.3）。

外部环境的变化不仅影响企业自身生产经营条件，还直接作用于顾客需求，通过顾客需求变化改变企业原有的竞争优势。这就要求高新技术企业密切关注环境变化以及顾客需求变化，通过价值探索来发现新的价值机会。价值探索要求高新技术企业对三方面的关系和作用有所了解：顾客的认知空间、企业的能力空间以及合作者的资源空间。顾客的认知空间反映了顾客已有和潜在的

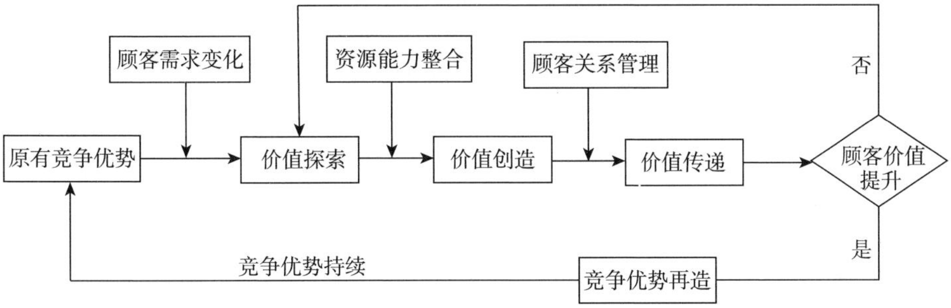

图 4.3　顾客价值导向的持续竞争优势再造过程

需要，包括参与、稳定、自由和变化。企业的能力空间可以被描述为商业模式的宽泛性，技术核心能力的深度。合作者的资源空间涉及与高新技术企业共同扩展市场的水平合作者以及垂直合作者[57]。

高新技术企业为了创造价值，必须从顾客角度来审视自身的产品开发与价值传递，结合自身的资源与能力，基于顾客价值整合与提升原则在合作网络中选择和管理业务伙伴，面向价值机会整合现有的资源与能力。高新技术企业还必须借助于有效的客户关系管理来进行价值传递。有效的客户关系管理要求高新技术企业能够准确分析顾客的行为表现以及顾客需求，以使企业能合理快速地响应顾客需求。为了提高顾客需求的响应有效性，高新技术企业还需要通过一定的内部资源管理方法来重新整合主要的业务程序。

通过上述程序，高新技术企业以顾客价值提升为导向，使顾客价值成为企业生产经营的指导方向以及竞争绩效的评价准则，最终形成竞争优势持续更新的良性循环。

4.4　本章小结

本章首先阐述了高新技术企业持续竞争优势再造的概念，进而根据再造诱因、再造导向、再造动力、再造路径等要素建立高新技术企业持续竞争优势再造模型。其中高新技术企业持续竞争优势再造主要有提高收益回报、增强市场位势、提高资产专用性三大诱因。在详述顾客价值理论基础上指出顾客价值对企业竞争优势再造的导向作用，分析了以顾客价值为导向的高新技术企业持续竞争优势再造过程。

第5章 基于知识特性的高新技术企业持续竞争优势再造动力分析

5.1 高新技术企业知识体系演化

高新技术企业具有高知识、高技术的典型特点，根据企业知识管理理论，知识不仅仅是企业的核心资源要素，而且对企业中其他资源起支配作用，企业知识的存量与结构在很大程度上决定着企业其他资源效能的发挥程度。高新技术企业知识演化成为驱动企业竞争优势演化的基本动力。

根据 Saviotti 等学者的观点（Saviotti and Mani，1998），高新技术企业知识体系可以概括为 3 个层面的知识：第一层面为结构性知识，一般多表现为信息，具有典型的结构特征，是数据的有序化表现，结构性知识一般来自企业资产；第二层面为技能性知识，这类知识具有“自我跨越”的性质，可以通过学习和经验使信息在一定情境下相互连接，这类知识直接表现为企业的能力；第三层面为价值性知识，一般被认为是存在于企业员工思想中的一种品质，可以理解为一种思想状态，是员工对外界事物的共同看法和感受，也是员工行为方式的基本准则，可以理解为企业文化[58]。

5.1.1 高新技术企业知识体系

鉴于知识同时具有具体性与过程性的本质特点，隐含着时间与空间要素，对企业知识体系演化的分析不能将知识仅看作实物，更应重视知识的过程性，将关注重点置于知识的时空演化角度。

设 K 和 $f(K)$ 分别为高新技术企业结构性知识和企业知识体系，二者都是关于时间 t 的函数，ΔK 为企业结构知识增量，且设 $f(K)$ 为二阶连续可微，将 $f(K)$ 按泰勒级数展开，则有：

$$f(K)=f(K_0)+f'(K_0)\Delta K+f''(K_0)(\Delta K)^2/2+O((\Delta K)^3) \tag{5-1}$$

根据企业知识体系的含义，技能知识是处理企业知识的能力，由上式可以看出，$f'(K)=\mathrm{d}f(K)/\mathrm{d}t$，也就是通过企业知识存量的变化可以推导出企业能力，于是可以将企业技能知识表示为 $f'(K)(\Delta K)$。价值性知识以企业现有知识为基础，直接反映企业能力的提升速度，于是可以将价值性知识表示为

$f''(K)(\Delta K)^2/2$。另外，$f(K_0)$ 为高新技术企业初始时刻的知识体系，由于 $O((\Delta K)^3)$ 较小可以忽略不计，则在一定时期内，设

$$\alpha = f(K_0) > 0, \beta = f'(K)(\Delta K), \theta = f''(K)(\Delta K)^2/2$$

那么式（5－1）可以改写为

$$f(K) = \alpha + \beta + \theta \tag{5-2}$$

由式（5－2）可以看出企业知识体系演化是由已有的结构知识、技能知识和价值知识之间相互作用共同决定的。结构知识可以看作企业资源，是企业竞争优势持续的物质保证。技能知识反映了高新技术企业面对环境变化调节和匹配组织行为的能力。价值知识则是把企业知识转变为企业成长力量的驱动器，直接表现为企业员工的价值观与行为方式，即企业文化[59]。如果企业价值知识发生变化，那么企业结构知识与能力知识也将发生相应改变。同样，企业能力知识的变化也将导致结构知识的变化。三种知识在高新技术企业持续竞争优势再造过程中发挥着各不相同的作用：结构知识对于组织学习和知识转移起着不可替代的基础作用，受环境影响最大。如果没有能力知识作为结构知识的转换器，结构知识也无法转换为竞争优势，甚至会对企业竞争优势起阻碍作用。同样，没有价值知识作为企业能力的方向性指导，企业知识活动的效率则表现为效率低下或毫无价值。

5.1.2　高新技术企业知识体系演化与持续竞争优势再造动力

高新技术企业知识增长一般体现为一个连续性过程，设 $y(t)$ 为 t 时刻的企业知识存量，可将高新技术企业知识的即时增长率表示为：$\frac{\mathrm{d}y(t)}{\mathrm{d}t} = r_m y(t)$，其中 r_m 为实际增长率。在一定时期内，企业知识增长受企业吸收能力和学习能力等条件约束，不能无限增长，于是设高新技术企业知识体系最大容量为 k_m，即企业的知识饱和容量。随着 $y(t)$ 逐渐向 k_m 逼近，由于“管理近视”或“组织惰性”的作用，实际增长率 r_m 会呈现降低趋势，基于此可设：$r_m = r(k_m) - y(t)/k_m$，则有

$$\frac{\mathrm{d}y(t)}{\mathrm{d}t} = ry(t)\left[1 - \frac{y(t)}{k_m}\right] \tag{5-3}$$

式中，r 为高新技术企业知识体系的知识自然增长率，与企业的知识结构和情境相关，设 k_m、r 为正常数，r 与管理模式密切相关。由式（5－3）进一步可得

$$\frac{\mathrm{d}^2 y(t)}{\mathrm{d}t^2} = r\frac{\mathrm{d}y(t)}{\mathrm{d}t}\left[1 - \frac{2y(t)}{k_m}\right] \tag{5-4}$$

根据 α、β、θ 的定义，根据式（5－4），可得

$$\theta = r\beta\left[1 - \frac{2y(t)}{k_m}\right] \tag{5-5}$$

进一步可得

$$y(t) = \frac{-(\theta - r\beta)}{2r\beta}k_m \tag{5-6}$$

由式（5－6）可得

$$\frac{\partial y(t)}{\partial(t)} = \frac{r(k_m - 2)}{4r^2\beta^2} > 0 \tag{5-7}$$

$$\frac{\partial y(t)}{\partial\theta} = -\frac{k_m}{2r\beta} < 0 \tag{5-8}$$

从式（5－7）可以看出，当能力知识增强时，高新技术企业知识体系的知识存量也在不断增加，二者呈现正向变化，即企业能力的提高有利于企业知识积累。另外，从式（5－8）也可以看出，随着企业价值知识的积累，企业知识的存量不断增加不利于企业的竞争优势持续，也就是说，在静态环境下，企业的成长意识将随价值知识的积累逐渐减弱，从而造成“组织惰性”及“核心刚性”。因此，静态价值知识的累积在某种程度上是不利于高新技术企业可持续发展的关键因素，这也从另一侧面验证了企业发展中的“核心能力刚性”和“路径依赖”现象。

以上分析的是企业在自然情况（企业处于封闭状态，不受外部环境干扰，不考虑内部管理因素）下的验证结果，为进一步分析高新技术企业的知识管理对企业知识系统的影响，可在上述结论基础上进一步设企业知识存量以正态函数形式逼近增长极限 k_m，见式（5－9）。

$$y(t) = \frac{k_m}{[1 + \lambda\delta\exp(-rt)]^{1/\lambda}} \tag{5-9}$$

其中，λ 为企业知识管理影响因子，δ 为时间 t 的标准差，由式（5－9）可得

$$\frac{\partial^2 y(t)}{\partial t^2} = \frac{y(t)}{\lambda}\left[1 - \frac{(1+\lambda)y^\lambda(t)}{k_m^\lambda}\right]\frac{\partial y(t)}{\partial t} \tag{5-10}$$

令 $\partial^2 y(t)/\partial t^2 = 0$，得到拐点

$$y^* = k_m/(1+\lambda)^{1/\lambda} \qquad t = \ln(\delta/r) \tag{5-11}$$

从式（5－11）可以分析得出，引入企业知识管理因子 λ 后，拐点处的企业知识饱和度将随着 λ 的变动而发生改变，并且要大于没有引入知识管理因子时所达到的饱和度，企业将更具有弹性和较强的环境适应能力。

当 $0 < y(t) < y^*$ 及 $0 < t < \ln(\delta/r)$ 时，在初始阶段，$y(t)$ 值较小，随着时间的推移，企业知识增长速度逐渐加快，企业能力也逐渐增强；当 $t = \ln(\delta/r)$ 时，$y(t) = y^*$，对于高新技术企业竞争优势来说，能力知识在一定

的企业价值知识指导下达到最佳状态。当 $t > \ln(\delta/r)$ 时，$y(t) > y^*$，企业知识存量的增长速度逐渐减慢，并逐渐趋近于饱和状态，在此阶段，企业长期形成的领导价值观、行为惯例与规章制度等企业文化因素不利于企业适应变化的环境，限制了企业创新意识。

综上所述，高新技术企业知识体系中的结构知识易于模仿和被替代，为企业带来的竞争优势是短暂的，不足以长期维系高新技术企业的竞争优势。但是，高新技术企业可以通过有效的知识管理来加强结构知识与能力知识的有效结合，通过不断知识更新、重构与创新，提高企业绩效，促进企业渐进增长，延长企业产品或技术生命周期。然而，必须注意到，由于结构知识与能力知识在企业知识体系演化中并不能使企业自动适应环境的变化，高新技术企业这种关注能力与结构知识的开发活动在一定程度上会使企业落入成长陷阱。

在这种情况下，高新技术企业价值性知识将成为引导企业竞争优势进一步持续的关键因素，学习型、创新型的企业文化将帮助企业逐渐摒弃原有不适应企业发展的思维惯例和行为方式，重新配置企业资源与能力，促进企业竞争优势的更新与再造。

基于以上分析，本书认为，高新技术企业竞争优势持续的关键要素在于企业能力知识与价值知识，高新技术企业持续竞争优势再造的动力也主要来自对上述两种知识的配置及二者结合紧密程度的调整，动态能力、组织学习以及利于创新的企业文化均是促进高新技术企业持续竞争优势再造的动力要素，三者相辅相成，共同促进高新技术企业持续竞争优势再造。

5.2　动态能力动力要素

5.2.1　动态能力的内涵

动态能力的概念是伴随着对核心能力刚性相关研究产生的。Teece 等（1997）认为，动态能力是企业整合、建立和再配置内外部能力以适应快速变化环境的能力[21]。动态能力的内涵主要有以下几点：

（1）动态能力是整合、建立和再配置内外部资源的能力

Teece 等认为，能够有效协调、配置内外部资源，并具备及时、快速与灵活的产品创新能力的企业将在全球市场竞争中胜出。Teece 强调开发那些企业现有的和外部存在的能够应付不断变化环境的企业特殊能力，以此识别作为优势源泉的企业特殊能力的范围，解释竞争和资源的结合是怎样被利用、发展和保护的。Teece 将动态能力定义为企业整合、建立和再配置内外部能力以适应快速变化环境的能力[21]。

（2）动态能力是可以确认的明确流程或者惯例

动态能力是一系列指导企业发展中资源整合的常规流程，企业在一定时期内总是要通过试验或模仿来保持、选择、改变自身的独特资源配置。动态能力是企业的常规惯例或者流程，融入指导企业资源运营、演进和重构中，动态能力是可以确认的，包括：整合资源的动态能力、重在重新配置资源的动态能力及获取和让渡资源的动态能力。

（3）动态能力具有明显的知识性特征

从动态能力的定义可以看出，动态能力实际上就是企业改变其作为竞争优势基础的能力。企业内的知识累积到一定程度后可以被加工运用形成企业能力。企业知识累积是一个动态循环往复过程，知识的不断累积以及综合运用，不断的更新企业已有能力，当这种累积及能力开发匹配了外部环境变化时，企业就做到了“适者生存”。具备动态能力的企业，能够以外部环境变化为出发点随时调整自身的经营策略，不断提高生产和管理效率，改变原有的资源与能力配置，优化企业知识体系，实际上，动态能力发挥的作用就是使企业建立了新的知识体系。

动态能力的知识性特征为动态能力的相关研究开辟了一个新的视角，并且由于与其他研究角度的兼容性获得了学术界比较广泛的支持，由此产生了很多有价值的研究成果，本书对动态能力与高新技术企业持续竞争优势再造的研究也尝试从知识性这一角度展开。

5.2.2 动态能力对高新技术企业持续竞争优势再造的作用

（1）提高高新技术企业环境适应能力

动态能力强调基于环境快速变动的特征，如果企业具备较强的动态能力，就能够随着环境变化适时调整自身的资源与能力配置，通过自身资源与能力的不断培养、维护、运用、开发与扬弃，企业充分发掘市场机会，以此持续创造新的竞争优势，动态能力的强弱从根本上决定着企业的环境适应能力。

从本质上分析，企业动态能力是一种开拓性的能力，强调以类似“创造性破坏”的开拓性动力克服能力中的惯性。在动荡的环境中，开拓性动力在促进创新的同时也在创造新的规则与能力，以此为企业的持续竞争优势提供再造动力。

美国学者戴布拉·阿米登（2005）将环境的动态复杂性称为“万花筒式的变化”[60]。在受如此众多的已知和未知变量的联合影响下，企业再也不能像市场稳定时期那样，先制订一个中长期计划，然后再慢慢调整实现；也不可能像传统模式下进行变革那样，先做一个方案，然后逐步实施。如今，企业真正需要的是懂得如何面对环境的急剧变化以及由此产生的各种不确定性，在“万花筒式的变化”中保持相应的动态能力，是高新技术企业面临的严峻挑战。

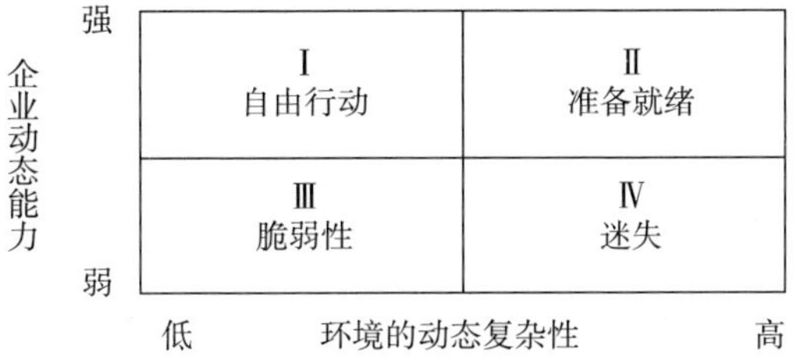

图 5.1　企业动态能力与环境组合矩阵

如图 5.1 所示，环境的动态复杂程度较低的情况下，如果企业具有较强的动态能力（如象限Ⅰ所示），企业可以在稳定的环境中享有一定程度的主导权，企业的自由行动不易于因遇到突然冲击而变得过时或不适当。象限Ⅱ表示随着环境的不确定性增加，企业动态能力也不断增强的情形。在这种情况下，企业的资源整合配置能力使组织有能力应付日益增大的不确定性，主动根据外部环境变化做出反应，企业能够跟上环境变化，能够在一定程度上掌握自己的命运，不断创造新的竞争优势以获得持续竞争优势。象限Ⅲ表示企业的动态能力和环境的不确定性均较低，这种情况下，企业无力面对外部环境变化，对未来的不确定性没有十足把握。企业的成功有很大不确定性，虽然可能曾经取得一定程度的成功，借既往的资源与能力无法引导企业在未来环境变化中同样取得成功。象限Ⅴ代表了最不理想的一种情形：企业动态能力较弱，却面临着不确定性却较高的动态复杂环境。在这种情形下，过去的技术核心能力刚性和路径依赖性束缚了高新技术企业的行动自由，企业只能被动地适应外部环境而无能为力，最终竞争优势也必将消散。

（2）克服技术核心能力刚性

正如本书第 2 章所述，技术核心能力在高新技术企业发展中逐步建立，并逐渐增强，带动核心产品的数量增加，并以较快的速度形成最终产品。但是，技术核心能力是刚性的，在短时期内是不能快速调整的，这就直接造成了企业竞争优势无法保持持续性。外部环境总是不断变化的，并且变化的速度、方式、方向是难以及时确定的，企业的发展又存在路径依赖，倾向于维持原有范式，这种情况下核心能力锁定了企业发展路径，使企业在新环境下难以维系持续成长。

此时高新技术企业要想保持持久的生命力，就必须注重培养企业的动态能力，通过动态能力对原有技术核心能力进行改造，克服技术核心能力刚性，即形成可以适应环境变化的又一层次的技术核心能力，这是高新技术企业走出困境的关键。

为应对不断变化的外部环境，高新技术企业必须不断地更新自身能力，发展新的能力，也就是强调能力的动态性与开拓性，在动态中持续的变革企业原有知识系统中不适合环境变化的内容，加入新的显性、隐性知识体系并进行知识应用与创新，实现企业的动态效率。从这种意义上讲，动态能力在本质上是一种非均衡的动态。高新技术企业必须不断地培养、开发、运用、维护和扬弃原有技术核心能力，通过不断地创造与突破，为企业赢得一连串短期的竞争优势，从而从整体上体现出企业竞争优势的持续性。

5.2.3 动态能力对高新技术企业持续竞争优势再造的作用机理

从本质上看，任何一个企业都是由显性、隐性知识等不同知识体系构成的知识的集合体，对于高新技术企业而言更是如此。可以说，企业知识体系是形成企业竞争优势的基础，各个企业知识体系之间的竞争从根本上决定着竞争的结局。根据动态能力的知识性内涵，知识的吸收与学习决定着企业创造新价值的能力，而知识的转化与共享则决定着企业动态能力的可延展性。

当高新技术企业内外部环境保持相对稳定或者环境变化缓慢，企业可以依赖其既定的知识体系创造其竞争优势，在企业认知系统适应范围内，企业也能被动地适应环境的变化，通过初级的组织学习保持其相对的竞争优势。然而，在技术变化过于迅速，技术革命、产业变革层出不穷，用户需求变化多端难以捉摸时，或者企业的系统曾经的巨大成功使其无须甚至丧失反思与变革能力的时候，企业一定会被竞争对手赶超，最终失去竞争优势。

因此，高新技术企业要想获取持续竞争优势，必须通过不断完善与更新其知识体系，显然，这是一个通过知识资源整合与知识更新来获取动态能力的过程（图 5.2）。

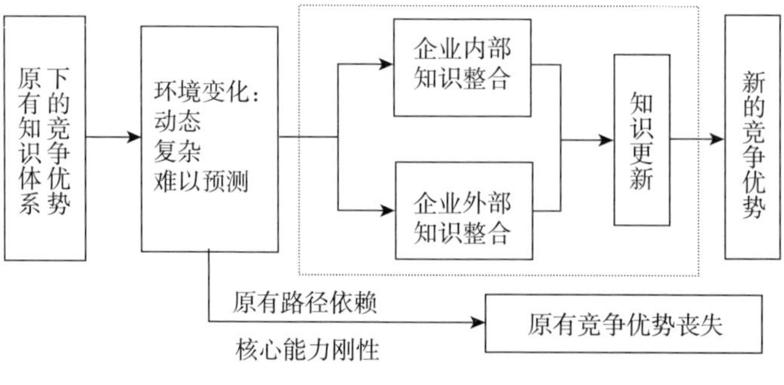

图 5.2 基于知识管理的动态能力

在动态复杂环境下，任何一个企业都必须加强企业内部知识整合，不断地增加企业知识存量来应对剧烈的环境变化，通过个人学习、小组学习和组织学习来积极地获取知识。同时，企业只有通过知识转移使知识在企业内部扩散、传播，才能使获取的新知识跨人员、跨部门传播，增强知识积累的广度和深度。环境的动态复杂性要求高新技术企业必须突破自身边界，将包括竞争者、合作者和顾客网络在内的庞大知识体系充分调动起来，进行企业外部知识整合，通过知识联盟等形式加强知识共享，形成强大的知识网络，实现整体知识资源的优化组合，共同抵御环境风险。在知识获取、转移、共享等内外部知识整合的基础上，企业还必须注重知识更新，这意味着企业必须抛弃原有知识管理体系中的不适应环境变化的组织惯例，克服核心能力刚性，将新的知识逐渐转化成新的组织惯例，发展成新的组织能力，从而在新环境下形成新的竞争优势。

5.2.4　基于知识管理的高新技术企业动态能力提升策略

（1）企业内部知识整合策略

①增加企业知识存量。动态能力的知识性内涵决定了知识是企业提升动态能力的基础，有效的知识管理需要得到企业知识存量的广泛支持。高新技术企业要获得动态能力，必须不断地吸收知识，吸收知识的能力决定着企业的竞争能力。因此，高新技术企业要注重各存量中知识的多样性，知识管理的范围应拓展到企业知识体系涉及的全部知识领域，除高新技术企业高素质的人力资源外，还包括固化于生产经营活动创造的品牌、声誉内部的无形知识。相对于显性知识，经过长期环境变化考验而积累起来的品牌、商誉、组织行为惯例等隐性知识对于高新技术企业创造竞争优势有着更为重要的作用。此外，企业还需要建立知识存储体系，对有利于企业发展的知识按照有效流程、方法进行存储，并建立有效机制使知识体系不断更新优化。

②提高企业组织柔性。柔性是指企业在不同环境中仍然有效的资源管理能力，目的是匹配在不同环境下的核心能力并促使其随着时间的推移而不断演进。动态复杂环境要求企业知识管理必须具备一定的柔性与适应性，企业组织结构必须要满足企业知识管理柔性要求。组织柔性隐含于组织结构的弹性、组织成员对变化的适应能力，包括层级、信息交流路线和控制幅度等要素。在动态复杂环境下，高新技术企业的组织结构应尽量扁平化，减少中间管理层人员的数量，突出知识拥有者的管理作用，加强不同知识结构员工之间的接触和交流，保证企业内部知识和信息的快速、准确传递。同时，高新技术企业要做好企业动态能力要素的平衡，如企业文化、组织惯例、知识体系、价值观、研发创新等要素，既要保持一定的稳定性，又不能过于稳定最终形成组织惯例阻碍企业创新。

（2）企业外部知识整合策略——知识联盟

环境的动态复杂性决定了任何一家企业依靠自身的力量都难以完成持续发展的任务，要求企业对外部保持一定的开放性，对企业的关联方能够保持一定的适应性，通过建立强有力的联系使各关联方的知识体系能够形成合力，增加知识存量，整合知识资源，实现整体优化。

知识联盟是企业管理战略在21世纪发展的新趋势，是指企业通过并购、参股、合资等方式与其他企业或机构结盟，共同创建新的知识和进行知识转移，建立知识联盟是企业整合外部知识资源的有效途径。依托于关系网络，将知识网络进行整合后就可以建立社会性知识市场。当联盟中某一方获得创新突破，便可以通过知识网络对合作方进行技术扩散与外溢，为整个联盟实现知识共享，既为创新方实现了创新收益，也为整个联盟奠定了竞争优势。

要成功实施知识联盟，高新技术企业要建立联盟成员之间长期的相互信任关系，以节约交易成本，减少对方的知识保护意识，创造出知识自由交换的良好学习环境。企业还应创造知识共享的文化环境，建立信息网络环境，最大限度地利用联盟成员的外部知识。

（3）企业知识更新策略——加强组织学习

如前所述，在动态环境中，技术、质量、知识产权保护等核心知识资源并不能为高新技术企业长时期持续带来竞争优势。而组织学习能够帮助企业获取、利用和更新知识与能力，所以组织学习以及学习型组织日益受到企业的关注。组织学习是指组织不断地获取、储存、加工、传递、创造知识，持续增强组织能力，不断改善组织行为，以此提升绩效的持续循环过程。组织学习的意义在于：①隐性知识显性化。企业中的隐性知识经过记录整理，成为标准化和体系化的知识，可以更好地为组织成员共享，科学地服务于整个组织。②显性知识隐性化。组织中的数据库、专利、规章制度等显性知识，一方面可以融合为提供产品平台的核心技能，另一方面可以渗入企业文化中。高水平的组织学习对处于动态复杂环境中的企业具有普遍性，一般与企业员工信息处理能力、先前经验、行为惯例、洞察力和价值观高度关联，可以帮助企业分析具有高度不确定性的问题，使企业更容易在动态复杂环境中取得成功，而且竞争对手难以模仿，为企业竞争优势的持续提供了动力。

5.3 组织学习动力要素

5.3.1 组织学习的内涵

组织学习的概念最早由 Argyris 和 Schon 在《组织学习：行动观察的理

论》中正式提出，而后，组织学习的概念、理论逐渐受到学术界和企业界的重视，众多的研究成果也从不同角度将组织学习的相关研究进一步深入[61]。对组织学习概念的理解，当前国内外学术界存在着或多或少的分歧。但通过对相关研究成果的仔细梳理，我们可以总结出以下 3 个基本共识：

（1）组织学习通过知识选择、知识复制、知识传播、知识变异等过程，使组织知识不断产生、传播、应用，实现知识循环上升过程，通过组织中人与人之间的交互作用，不断改变组织行为。

（2）企业组织学习是通过组织中个体、群体与组织三者之间的互动获得超额绩效的。在组织内部，知识是一个“创造—扩散—应用—再创造”的过程：首先组织成员通过个体学习，获得有利于自身发展的有用性知识，进而在组织内部通过扩散机制与其他成员进行知识共享，形成利于企业发展的共性知识。组织学习中学习过程是一个个体、群体与组织多维度、动态互动循环的学习过程，通过这一过程，个体知识上升为组织知识，组织知识也逐渐融入个体成员。

（3）企业内部知识能力与外界环境相匹配，是组织学习的重要目标。要实现与外界环境相匹配，对外部环境的理性分析和识别成为组织有效学习的重要组成部分。组织学习的结果表现为组织知识的拓展以及组织知识能力的提升。组织学习的目标就是要优化企业知识体系，增强外部环境的理性分析和识别能力，改进组织综合实力，以应对快速变化的市场环境和行业演变。

5.3.2　组织学习促进高新技术企业持续竞争优势再造机理

在动态复杂环境下，组织学习由于通常涉及信息、研究和洞察力的使用，对企业具有更重要的意义。通过组织学习，高新技术企业可以更新配置自己的知识性资产，形成高度的专业化和差异化，这种专业化和差异化往往带有一定的模糊性，使竞争对手难以模仿，为企业竞争优势的持续与更新创造了条件。

组织学习的关键学习因素有以下方面：个体知识的传播和扩散、创新性尝试、组织行为的动态惯例、外部环境的理性分析和识别能力差距，这些因素作用于高新技术企业知识管理、创新以及决策等各个方面，最终促进企业竞争优势的更新。组织学习与高新技术企业持续竞争优势再造的关系模型如图 5.3 所示：

从图 5.3 可以看出，通过个体知识传播扩散等五项关键性的学习活动进行系统化的整合与集成，既是高新技术企业竞争优势形成的过程，也是高新技术企业进行高水平的组织学习过程。通过多次的循环整合促进企业知识和能力的积累，而知识和能力的更新循环，进一步促进了组织学习的效率。因此，企业组织学习过程与企业持续竞争优势再造之间相互依赖、相互促进。

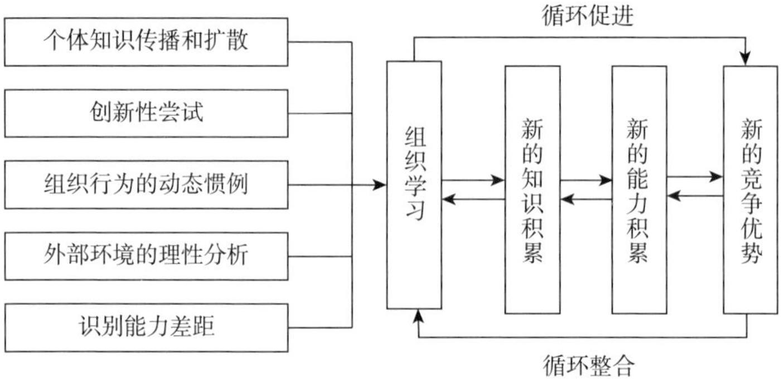

图 5.3　组织学习促进企业持续竞争优势再造模型

根据高新技术组织学习与企业竞争优势再造关系模型，下面分别阐述组织学习的不同要素促进高新技术企业竞争优势再造机理。

(1) 个体知识传播与扩散增加了高新技术企业知识存量

高新技术企业所获取的知识可以分为一般知识（也被称为显性知识或明晰知识）和缄默知识两类。一般知识较容易被竞争对手理解与模仿。而缄默知识常常代表组织成员间共享的经验，是企业特有的，竞争企业较难理解，更不易模仿。缄默知识常常以“暗喻”方式出现，使得组织外部成员难以记录，无法模仿。这种“暗喻”产生了一种企业特别的“语言”，是企业进行信息存储和转移的有效手段。因此，个体知识传播扩散增加了企业的知识资源尤其是缄默知识积累。这种知识可以在很大程度上帮助企业定义、理解、分析模糊复杂问题，并往往能够创造出独特的问题解决方法。

(2) 创新性尝试引致高新技术企业持续性创新

通过组织学习中的创新性尝试，可以扩大技术学习的范围，激发组织成员的创新思维，帮助企业跨越路径依赖。另外，创新性尝试也能够帮助企业在市场开发中探索“非传统”方法。如果创新性尝试获得成功，企业就可以成功开发新市场。即使创新性尝试没有完全成功，或没有被市场完全接受，企业组织和个体成员仍能够从创新性尝试过程中获得宝贵的经验，这种缄默知识可以使企业将工艺、流程、标准等知识“内嵌”入企业，并应用到其他产品和工艺的开发中，形成竞争对手根本难以模仿的优势。

(3) 组织行为的“动态惯例”形成了高新技术企业差异化技术能力

作为组织的认知能力和特定的构架方法，动态惯例可以帮助高新技术企业理解和创造新技术。高新技术企业需要丰富的动态惯例来支撑企业的快速学习和开发技能，使组织对技术的应用与开发的认识进一步深化。这种基于动态惯例的技能由于难以模仿而具有较高程度的差异性。动态惯例不仅是某一轮组织学习的成果，也是下一轮组织学习的基础，动态惯例的积累还能够在某种程度上导致学习的规模经济性，从而利于高新技术企业在能力层次的有效积累。

(4) 外部环境的理性分析提升了高新技术企业动态决策能力

在组织学习中，外部环境的理性分析是必不可少的一部分，外部环境的理性分析为企业的进一步组织学习提供了指引方向。首先，对外部环境的全面透视与分析，有利于企业把握技术变革方向、市场需求的变化以及竞争者动态，为企业提升洞察能力和预见能力，使企业能够适时改变自身能力，迅速适应环境变化。其次，对外部环境的理性分析，可以帮助企业发现自身的资源与能力缺陷，提高企业解决问题的能力，减少企业生产经营中的风险。此外，通过对外部环境的理性分析，企业还有可能发现合作伙伴或网络关系等新的成长性资源，通过资源整合形成高新技术企业新的持续竞争优势。

(5) 识别能力差距实现了高新技术企业核心能力的目标定位与超越

日益激烈的行业竞争要求企业不仅要进行内部组织学习，还要时刻关注竞争对手。识别能力差距的出发点就是帮助企业寻找、确认、跟踪与竞争对手能力方面存在的差距，进而学习并超越竞争对手。缩小能力差距这种组织学习并不是简单仿效竞争对手的优势项目，而是以竞争者目标为基准，充分整合本企业现有的资源和能力，不断改进和提高企业基准，直至超越竞争对手。由于企业总是在寻找并评价最佳的标准，因此，企业组织的这种缩小差距的能力的形成需要不断学习。通过持续地比较与学习，高新技术企业能够开发出新的识别问题和解决问题的能力，即实现现有能力的超越，实现竞争优势的持续更新。

5.3.3　推动持续竞争优势再造的学习型组织构建策略

(1) 营造兼容和开放的企业文化

企业文化既是企业运营的哲学基础，也为企业管理创造“软环境”，对组织学习起着基础性的支撑作用。有利于竞争优势再造的学习型组织文化应大力支持组织内的学习和创新，时刻检视企业现有经营管理模式，对员工提出的合理化甚至不十分合理的创新或建议给予支持，在组织内倡导创新、质疑、辩论、试验与试错，充分利用企业组织的创新性行为为企业探索新的发展机会。在组织学习中，必须与组织相关方进行共同学习，知识体系、层级的差异，特别是价值观的差异往往是组织学习的巨大障碍。高新技术企业必须树立求同存异的价值观和企业文化，鼓励员工进行广泛的跨部门、跨层级交流，在互相学习中建立求知进取、尊重知识、尊重创造的价值观。通过组织学习与价值观的整合，组织成员既能够充分理解与吸收其他成员的优点，也可以在共同学习中树立共同的价值观，形成优秀的企业文化氛围，这将在很大程度上帮助组织和企业降低资源能力整合成本，提升整合效率。

（2）建立动态的组织结构

在技术更新速度日益加快、经济全球化等动态复杂环境背景下，有利于竞争优势再造的学习型组织应具备扁平化、柔性化和开放性的组织结构特征。一方面，这种动态性的组织结构可以帮助企业更加高效地进行知识获取和转移，减少组织层级的控制和制约，使组织学习效率大幅提升。另一方面，这些结构特征也有利于组织中的跨边界知识整合。跨部门、跨企业边界的知识整合需要企业具有动态的组织结构和模糊的组织边界，使高新技术企业能快速地在更广的范围内协调、整合、配置资源，以更新自身的竞争优势，应对环境的变化。

（3）营造工作学习化，学习工作化的组织学习环境

动态复杂环境要求高新技术企业组织成员必须时刻保持学习状态，不断地接受新思想，更新原有知识储备，主动迎接新变化，探索新技术，使学习成为常规工作的一部分，为此，组织必须营造良好的学习环境。所谓工作学习化，学习工作化，就是指组织中每个成员都认识到学习的重要性，都具有学习的愿望和要求，主动把学习融入日常工作和生活中，在工作中体会生命的意义和价值，使每名员工都认识到：一个人、一个组织发展和成功的最重要因素就是学习，从而使组织成员由“被动学习”向“主动学习”和“创造学习”转变。

（4）注重与知识性质相匹配的信息技术

近年来，信息技术已经作为企业知识整合的重要工具，高新技术企业应根据知识性质的不同有针对性地采取相应的信息技术来促进知识的转移与更新。一般来讲，数据库和管理信息系统等传统信息技术能够有效地传递显性知识。而缄默性知识一般根植于人的行为和信仰并且经常隐含于一定的背景之中，传统的信息技术在整合缄默知识方面效果有限，企业必须运用协同网络、视频、VI 等更加现代化的方法来进行知识交流，帮助成员树立信心，进行有效的缄默知识交流。

5.4 企业文化动力要素

5.4.1 企业文化的 VIRN 属性

高新技术企业的企业文化，是指在一定的社会历史条件下，高新技术企业成员所共同拥有的、能够反映本企业特色的基本假设和信念。高新技术企业文化作为在各项经营管理活动中所创造的精神财富及物质形态的提炼，是企业特有的思维模式和行为惯例，成为本企业所有成员必须掌握或者已经内化了的“内在规则”。

通过对企业文化的深入分析，我们发现，企业文化同时具备战略性资产的四种特性，即价值性（valuable）、难以模仿性（inimitable）、稀缺性（rare）、不可替代性（nonsubstitutable），简称VIRN属性，而VIRN属性是衡量某种资产或能力能否为企业带来持续竞争优势的常用标准。因此，我们可以认为，企业文化具备了竞争优势再造的动力特征。

首先，从价值性角度来看，员工身处企业文化之中，必然要受文化影响，员工是企业行为的载体，对组织内部行为会产生直接影响，组织的内部行为又直接表现为上下游关联单位的影响，所以企业文化无疑会对企业的经营效益产生重要影响。

其次，从难以模仿性角度来看，企业文化所倡导的价值观念、团体意识、行为规范和思维模式都是无形的，它所关注的是企业中的符号，如语言、规范、惯例和仪式，具有因果模糊性的特征，因此会令人感到无从下手，从而使得企业文化具有难以学习与模仿性[1]。

再次，从稀缺性角度来看，企业文化是在长期的经营活动中对其成长环境、能力、经验的归纳与变革中所形成的。它受企业所处的国家、地区、行业等影响，而且也与企业的创建者、领导者以及企业所处的生命阶段密切相关。这些阶段是不可重复的，无法重现的，在这样特定条件下形成的企业文化也是很难重现的，是非常稀缺的。

最后，从不可替代性角度来分析，不同企业其文化风格各有不同，因为企业所处的经济、政治、法律、社会、科技环境不同，行业特点与产业规则不同，企业内部文化、企业家精神以及组织成员构成也不同，所以，严格来讲，这种规范无法用其他形式来替代。

5.4.2　企业文化对高新技术企业持续竞争优势再造的作用

许多关于企业文化的理论与实证研究均显示企业文化是企业竞争优势的重要推动力量。在动态复杂环境下，优秀的企业文化能强有力地推动高新技术企业竞争优势的更新与再造，具体表现为：

（1）优秀的企业文化可以树立企业价值导向

企业文化对高新技术企业整体及每位员工的价值及行为取向起到引导作用，使员工富有创新精神，使企业的价值导向符合企业所确定的市场目标。企业文化的重要作用是为所有成员树立行为规范、价值观，在企业中形成无形的价值引领，将个体员工组织起来，形成团队行为、组织行为，成为企业统一行为。

（2）优秀的企业文化可以提高企业效率

效率是高新技术企业生存与发展的重要影响因素，快速高效地响应市场需求、响应环境变化是动态复杂环境对企业提出的基本要求，没有效率的企业必然会被激烈的竞争淘汰。企业生存与发展要求企业能够调动员工的积极性，使员工充满激情的创造性地开展工作。员工的工作热情通过企业文化作用于员工内心，企业文化提供了企业的核心价值观，向员工传递企业的核心目标，引导和促使员工的态度和行为朝着同一个方向努力，通过相互协作发挥主动性与创造性，提高企业效率。

（3）优秀的企业文化可以提高企业的核心技能

随着生产力水平的提高，企业间的生产水平和服务水平越来越接近，企业竞争优势的决定因素越来越取决于高新技术企业的核心技术或技能，如研发能力、工艺以及创新能力等。这种技能主要来自企业文化中员工个人和组织集体的知识、经验的学习和积累。从本质上看，企业技能属于企业行为文化和物质文化的一部分，优秀的企业文化可以成为培育企业核心技能的土壤和源泉。

（4）优秀的企业文化可以塑造良好的企业形象

优秀的企业文化时刻强调以顾客价值为中心，帮助树立企业形象，创企业名牌。在新的竞争环境下，质量、成本等因素只是市场竞争的一个方面，更重要的是树立尊重顾客、全心全意为顾客服务的经营理念，提升企业的知名度、商业信誉、品牌效应，让顾客在购买使用产品的过程中熟悉企业，相信企业，接受企业文化，乐于接受企业的产品甚至主动帮助企业推销产品。企业的文化越深厚，给外界的认知就越深，企业的知名度也就越高。优秀的企业文化是树立企业良好形象的根本保证，优秀的企业文化也会帮助企业提高竞争成功率，提升企业经营绩效。

5.4.3 面向持续竞争优势再造的企业文化构建策略

有利于高新技术企业持续竞争优势再造的企业文化应该是以人为本的文化、学习型文化、创新型文化，在具体的高新技术企业文化构建中，可以从以下层次展开（图 5.4）。

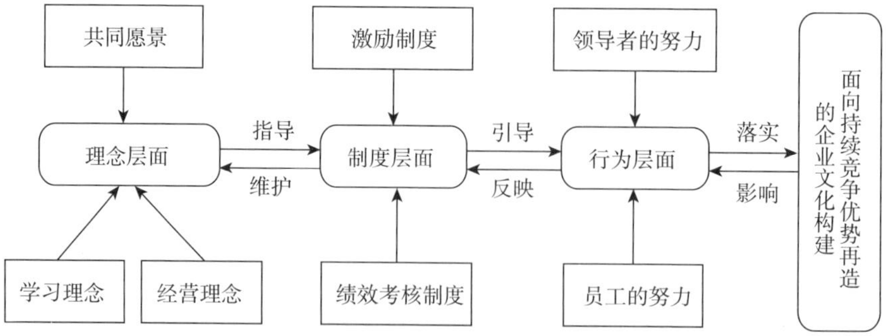

图 5.4 面向持续竞争优势再造的企业文化构建

（1）理念层面

①创新经营理念。不同的企业有不同模式的经营理念，优秀的企业文化所树立的高新技术企业经营理念往往具有以下特点：

第一，坚持以人为本。高新技术企业具有较强的人力资源优势，而创新活动的展开往往需要较高的自主创造性，在创新中通过员工的积极参与，实现不同观念、不同思想的碰撞与交流。这就需要充分尊重员工的主动性与创造性，实行全员参与管理，赋予员工更大的创新自主权，使员工成为实施创新的主体。

第二，坚持竞争与合作。动态复杂环境要求企业从原有的竞争理论转变为竞合理念，通过与战略伙伴的竞争与合作，激发组织成员的创新意识和竞争意识，同时积极地学习企业外部的新知识和新技术，增加创新的成功率，增强自身的竞争优势。

第三，宽容对待失败。组织成员的试错性创新行为同样对企业具有重要意义，企业在经营理念上无须要求员工回避风险和失败，应放弃把是否犯错作为考核员工标准的传统认识，在企业内部树立宽容对待失败的良好理念。

②树立学习理念。如前所述，学习理念是组织学习对企业文化建设的要求，对组织成员的行为具有重要的支配与约束作用，是联结员工思想与行动的纽带。企业应倡导“时时学习，处处学习”的工作观念，把学习观念融入组织成员的人生观、价值观中，为组织成员提供优良的学习环境，建立畅通的交流平台，积极引导组织成员向一切可以学习的人学习，向一切可以学习的事物学习。

③建立共同愿景。共同愿景可以帮助企业从“适应型学习”升级为“创造型学习”，共同愿景为组织学习提供了目标导向与情景激励。高新技术企业建立共同愿景的主要方法有：支持和接受组织成员的个人愿景，将企业愿景内嵌入组织成员的个人价值观之中；倾听成员个人愿景，使成员能自由地表达自己的愿望，并通过引导将个人愿景逐渐融合为共同的企业愿景；使建立共同愿景成为企业的日常工作中心，将企业中各自拥有强烈目标感的成员结合起来，采取价值观培养和文化熏陶等方法塑造共同愿景。

（2）制度层面

制度层面的支持和监督在很大程度上决定着企业文化建设的成功，否则企业文化只会浮于表面，不能落到实处。这就需要企业建立激励制度来激发员工的学习与创新热情，建立绩效考核制度来规范员工行为，使企业理念能够反映到员工实际工作当中。

①激励制度。高新技术企业可以从显性激励与隐性激励两方面来进行成员激励。在物质激励中，可以通过工资与福利待遇等对提出合理建议或做出技术

革新的个人与团队给予有效奖励，对有助于企业竞争力提升的学习活动予以足够资金支持。在物质激励中企业尤其要注重对团队的奖励，以使员工更好地树立团队意识，培养员工的团队精神。对于高新技术企业中的知识型创新人才，可以考虑如股票期权等多种有效激励方式。

同时，企业也必须注重必要的隐性激励，特别是精神激励。通过开展全员性创新、树立优秀典型来激发员工的工作热情，建立学习激励与创新激励制度，使员工的创新行为在获得物质回报的同时，还可以为员工带来心理上的满足与人生价值的实现。

②绩效考核制度。根据自身的具体情况，高新技术企业可以制定适合自身的绩效考核制度，但在制度制定中须注意以下原则：首先，以文字形式明确企业文化中能够体现创新性、学习性的行为规范，并将其纳入企业的绩效考核规范中。其次，必须在考核中体现企业文化中的团队精神和学习精神，将个人考核与团队考核相结合。再次，必须将考核指标量化、分阶段化，以防止因监督不到位而导致学习效率低下。此外，进行绩效考核时，还必须结合以往考核数据，纵向考核员工创新能力与学习能力的进展情况。

（3）行为层面

企业文化的贯彻需要企业管理者的积极倡导与全体员工的积极参与。

①领导者的努力。高新技术企业的领导者作为精神领袖，是企业精神的一个重要载体。面对激烈竞争的外部环境，为成功培育适应环境变化的学习文化、竞争文化、速度文化，企业领导者需要做好以下工作：首先，领导者在学习过程中要培养自身非凡的洞察力和战略眼光，要率先成为企业中学习的典范。其次，领导者要努力为员工提供学习机会，创造良好的学习环境。再次，领导者为充分调动员工企业文化建设的积极性，必须在工作、生活上关心员工，尽力满足员工的基本需要。此外，企业领导还必须建立良好的沟通渠道，认真听取员工关于文化建设的意见和要求。

②员工的努力。在高新技术企业文化建设中，首先，要使员工意识到他们是企业文化建设的主体。通过增强自身的责任感、荣誉感与使命感，自觉地把工作职责、自身利益和企业的整体利益紧密联系在一起，创造性地开展工作。其次，员工不仅要积极接受创新型、学习型的价值观，还应充分发挥主观能动性，积极做好企业价值观的实践与传播工作。

5.5 高新技术企业持续竞争优势再造动力要素耦合机理

如前所述，高新技术企业持续竞争优势再造的三种动力要素是相辅相成、互相促进的。企业动态能力的提升要求增加企业知识存量，通过组织学习进行知识更新，推动竞争优势再造的学习型组织构建和营造兼容和开放的企业文化，也要求树立学习理念，鼓励变革与创新，即以组织学习与动态能力为内在要求。

事实上，动态能力、组织学习、企业文化从本质和概念上均有契合之处，从知识体系演化的角度可以将三者统一起来。动态能力由于具有“自我跨越”性质可以被界定为能力性知识，企业文化作为价值倾向、行为惯例属于价值性知识，组织学习则是增加结构性知识、促进知识存量增长的必要手段，是显性知识与隐性知识的重要转换器。动态能力、企业文化、组织学习之间相互联系、相互影响，三者之间存在着重要的耦合互动关系。

组织学习具有更新高新技术企业知识资源的能力，而动态能力则是更新企业能力的能力，通过动态能力作用，企业不断完善组织学习的方式与方向，使企业组织能够根据外界环境变化适时地吸收新知识。动态能力的强弱决定了企业组织的学习方式与学习效果，因此，动态能力对组织学习起主导作用，是企业组织学习和知识积累的动力来源。同时，高新技术企业通过组织学习，使知识存量得到增长，知识体系得到更新，反过来又促进了动态能力提升。

企业文化为企业提供组织学习氛围，学习型的企业文化必将极大地提高高新技术企业员工的学习积极性，有力地促进组织学习。同时，组织学习通过显性知识隐性化以及隐性知识显性化，有力地促进了优秀企业文化的形成。在学习型组织中，员工、部门间的相互学习，使知识从个人向组织扩散，最终形成企业共享知识或行为惯例，成为企业文化的有机组成部分。另外，企业员工间共同学习、互惠互助的良好学习型机制本身就是企业文化建设追求和努力的目标。由此可见，组织学习与优秀的企业文化构建之间也是相互促进的。

动态能力与企业文化基于竞争优势再造角度也是相互统一的。企业竞争优势再造要求有动态能力做支撑，也要求企业树立开放型、创新型的企业文化以鼓励适应环境变化的变革和创新。创新型、学习型、开放型的企业文化使员工时时学习、处处创新，根据外部环境变化时刻调整自身的行为与目标，这也是促进动态能力提升的过程。动态能力作为更新能力的能力，根据环境变化也时刻对企业文化进行影响与改善，摒弃企业文化中因循守旧的要素，克服行为惯例中的路径依赖与能力刚性，不断注入符合企业竞争优势再造要求的新元素，使企业文化不断改进，促进企业持续发展。

基于竞争优势再造角度的动态能力、组织学习、企业文化三者的协同互动关系可用图 5.5 表示。

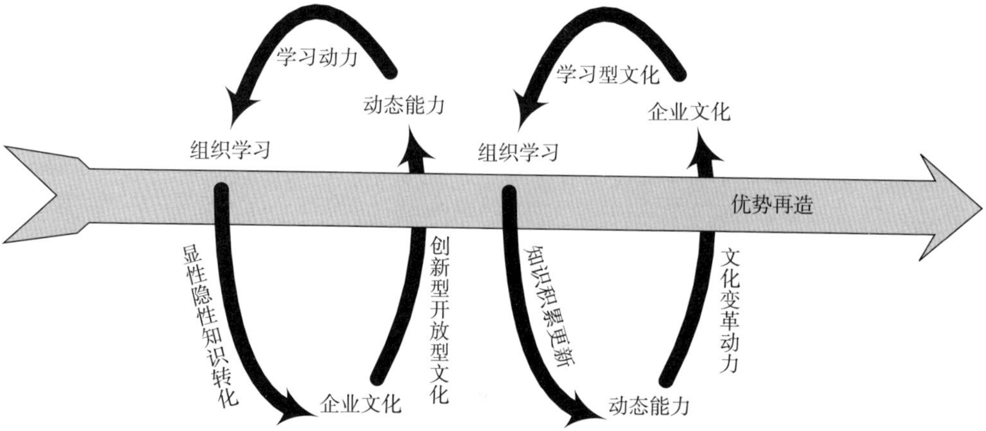

图 5.5　持续竞争优势再造动力耦合机理

5.6　本章小结

本章建立了高新技术企业知识体系演化模型，分析结构知识、能力知识与价值知识在企业知识体系演化中的不同作用，基于高新技术企业的知识特性分析指出动态能力、组织学习、企业文化是高新技术企业持续竞争优势再造的根本动力要素。进而分别分析三种动力要素的基本概念以及对高新技术企业持续竞争优势再造的作用机理，提出增强再造动力的具体策略。通过论证动态能力、组织学习以及企业文化在知识体系演化角度的内在一致性及其在持续竞争优势再造方面的协同互动关系，分析了三种动力要素的耦合机理。

第6章 高新技术企业持续竞争优势再造路径

6.1 创新是高新技术企业持续竞争优势再造的根本路径

6.1.1 创新与高新技术企业持续竞争优势再造

美籍奥地利经济学家约瑟夫·熊彼特（schumpeter）1912 年在研究市场竞争时首次提出了“创新”这一概念。熊彼特认为：“创新”是指将生产要素和生产条件的一种从未有过的新组合引入生产系统以获得超额利润的过程。“创新”的内容可以概括为 5 个方面：生产新的产品，引入采用新的技术，开拓原材料的新供应源，开辟新的市场，采用新的组织、管理方式[62]。熊彼特所描绘的 5 种创新按照当前的观点可以归纳为技术创新、市场创新和组织创新 3 类。

创新领域著名学者熊彼特基于动态观点，认为身处动态环境中的企业必须在市场竞争中进行经营活动的“毁灭性创造”。在熊彼特的创新思想中，实际上已经充分包含了竞争优势持续与再造路径问题，就是通过毁灭性创造的过程（也就是各种形式的创新），实现企业原有竞争优势的更新再造，从而获得超额绩效。

没有创新就意味着死亡，离开了创新，更无从谈及企业竞争优势的生成与持续。在传统条件下，尽管离开创新可能也有竞争优势的生成，但必将都是短期竞争优势，其势必随着竞争升级，逐渐回落为正常利润，甚至有可能低于正常的生产经营回报。当今社会已经进入信息经济时代，知识对于企业的生存发展起着至关重要的作用，更是高新技术企业产生和发展的基础。知识在量和质上的急剧膨胀，加剧了高新技术企业的市场竞争。在高强度市场竞争中，一切均处于变化中，且变化的速度日益加剧，“变化”成为企业必须持续面对的现实课题。面临这样的环境，企业的经营管理逻辑必须随之改变。企业无法再继续维持稳定的效率或原有优势，必须迅速响应外部环境变化，主动创新、灵活应变成为取得竞争优势的根本逻辑，离开创新，企业的竞争优势再造就成为无源之水、无本之木。

需要注意的是，不是所有的创新都能为高新技术企业带来竞争优势，如本书第 4 章所述，只有能够为顾客创造价值的创新才能为企业带来经营绩效，才是真正意义上的创新，才能实现企业的竞争优势。企业能否创造价值从根本上说决定于能否满足顾客需求，顾客需求又具有复杂性、多样性、隐蔽性，会随着社会进步、环境变化而变化，无论是潜在需求还是显性需求，都会对企业的市场洞察力提出更高的要求。基于顾客需求可以把顾客价值按属性不同分为数量价值和质量价值，实现数量价值是指增加某种既定性质价值的数量，实现质量价值是指价值创造者为顾客提供了另外一种性质的价值。

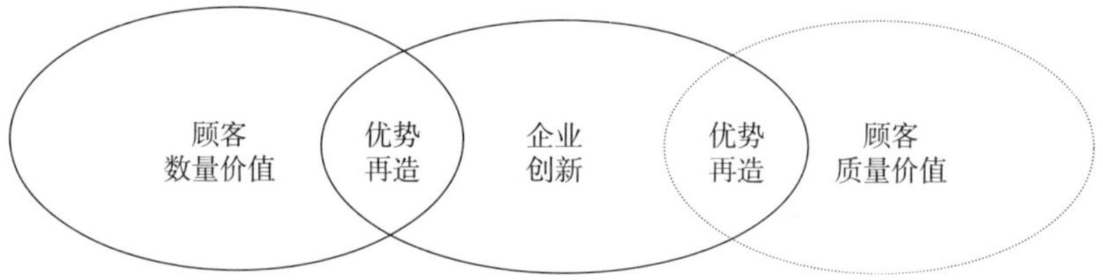

图 6.1　企业创新与持续竞争优势再造

如图 6.1 所示，高新技术企业既可以通过创新来向顾客提供更多的数量价值，也可以通过创新来开发顾客新的价值观，避开其他竞争者，实现顾客的质量价值。无论是哪种价值的实现，都意味着企业通过创新领先于竞争对手实现了顾客价值，获得了新的竞争优势。

6.1.2　动态复杂环境下高新技术企业实施创新原则

创新总是伴随着风险和不确定性，能够取得成功的创新项目往往是少数。没有创新和盲目创新的企业都不会取得持续成功。要提高创新的成功率，对创新的一般规律和固有逻辑必须有深刻的认识，这也是回避创新风险的基本要求。

在动态复杂环境下，由于竞争互动以及环境的剧烈变化，使创新的不确定性随之增加，加之高新技术企业高创新、高风险的特性，使得高新技术企业的创新面临着严峻的考验。本书认为，为获得新的竞争优势，高新技术企业在创新中必须坚持以下几项原则：

（1）顾客导向原则

如前所述，创新和竞争优势再造的出发点都是根据市场需要做出反映，只有能够满足顾客需要的创新，才能形成竞争优势。高新技术企业必然要面向当前市场和潜在市场有效开展创新活动，提升创新效率和效果，保证开发的产品或服务能够形成顾客购买意愿，在质量功能开发中忽略不必要的附加功能，因为产品的先进性或独特性不会自发吸引顾客，它不能保证足够的顾客愿意购买产品。因此，具有实用性、满足顾客需要的创新才是企业获得超额利润的源泉。高新技术企业必须正确识别顾客需求，依据顾客对产品各方面的要求进行创新。以此才能使企业稳定在一定的利润空间市场，比对手更好的服务顾客，保持竞争优势。

（2）动态性原则

高新技术企业的高新技术本身就是一个动态的、相对的概念，在不同的时间和地区有着不同的内涵和范畴。从前的高新技术，在如今可能变为常规技术甚至低技术；当前的高新技术，今后也必将成为常规技术甚至落后技术。技术变革、市场需求与竞争的动态性决定了高新技术企业创新行为也必须保持动态性。当前世界技术更新换代加速，竞争的深度与广度前所未有，任何企业都难以避开经济全球化的影响，面对纷繁复杂的市场变化，企业很难完全把握影响创新成功的全部要素。众多要素之间存在复杂的关联性，企业很难对消费者、市场有准确的判断，很难对外部环境的变化有准确的预测。所以，企业只能根据外部环境的变化采取试错机制，不断的动态调整自己的创新行为。环境的动态性决定了企业的竞争优势将始终受到模仿者的侵蚀和革新者的冲击，逆水行舟，不进则退，企业无法永远靠既有优势持续获得超额利润，企业只能通过持续创新来不停创造一系列短期优势，以此实现竞争优势的持续性。

（3）适度性原则

创新是企业获得持续竞争优势的根本途径，但这并不意味着企业可以不考虑内外部环境的制约，盲目、片面地追求高技术以及高市场占有率。高新技术企业的创新具有高投入、高风险性，这决定了高新技术企业必须面向顾客需求，深入分析自身优势、劣势，本着需要与可能的原则，在内外部条件的约束下追求适当的创新目标以及适度的创新成本[63]。一般来讲，约束高新技术企业创新的内部约束具体体现在：①资金的约束；②科技人员数量与质量的约束；③技术水平的约束；④信息的获取与应用水平的制约；⑤机构配置状况的约束；⑥创新组织的协调水平制约；⑦企业自身所具备的生产条件和营销条件的约束等。外部约束主要表现在：①创新技术的社会效益与环境效益的约束；②创新技术的潜在与显性需求状况的约束；③技术环境的制约；④国家政策法规的约束；⑤竞争企业之间的相互约束等。由于以上约束条件的存在，使得高新技术企业的创新活动只能充分利用自身优势，整合企业内外部资源，面向顾客需求，抓住有利机遇，把握创新方向，最大限度地提高创新成功率。

6.1.3　面向持续竞争优势再造的高新技术企业创新

相对于一般企业而言，高新技术企业是一类表现为具有高增长率、高研发费用、高创新、高风险的知识密集和技术密集的生产技术型企业。高新技术企业创新既具有企业创新的一般共性，又具有鲜明的区别于一般企业的特征。与一般企业相比，高新技术企业创新是一个更为复杂的系统，它包含有多个层面、多种因素、多种形式的创新。根据国家高新技术企业认定条件，“从事一种或多种高新技术及产品的研发、生产和经营业务”是高新技术企业的必备条件。所以，技术创新本身就是高新技术企业产生和发展的根本特征之一，因此，在诸多层面、形式的创新之中，技术创新居于核心地位。

当高新技术企业面向创造竞争优势而进行创新活动时，其创新行为与普通创新行为相比又具有特殊性。为创造新的竞争优势，高新技术企业必须勇于否定原有的竞争优势，先于竞争对手淘汰自己原有的技术、知识、资源与能力组合，在企业发展中使创新活动成为常态。在创新中实施开放性理念，将顾客纳入创新体系，与顾客共同进行创新活动，以实现有效创新（图 6.2）。

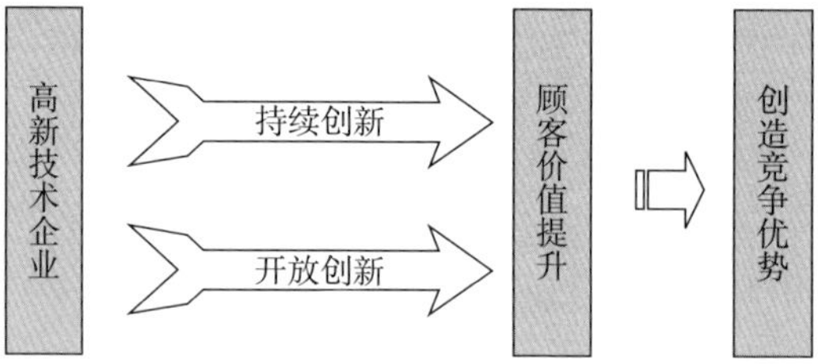

图 6.2　高新技术企业创新与持续竞争优势再造

基于以上分析，本书认为，为实现高新技术企业竞争优势的再造，高新技术企业在创新中应坚持以顾客价值为导向，坚持动态性和适度性原则，以技术创新为核心。具体来讲，依托于创新的高新技术企业持续竞争优势再造可以沿以下路径展开：在时间上，高新技术企业必须通过实施持续创新，实现竞争优势的可持续性；在空间上，高新技术企业必须通过实施开放创新以充分利用顾客资源，获得竞争优势的有效性。

6.2　高新技术企业持续竞争优势再造的持续创新时间路径

6.2.1　持续创新概念与内涵

（1）高新技术企业持续创新概念

基于熊彼特创新理论中的“过程”概念，我国学者向刚等（2012）首先对“持续创新”概念进行了界定。向刚认为，企业持续创新是企业在一个相当长的时期内，持续不断地推出实施新的技术创新（含产品、工艺、原料、组织管理和市场等方面的创新）项目，并不断地实现创新经济效益的过程[64]。

国内学者夏保华（2004）明确提出了“持续技术创新”的概念，即企业持续技术创新是技术创新型企业在技术进步和市场需求外部环境因素刺激下的组织行为，是由技术家族创新和战略技术创新两个阶段组成的多循环往复的过程[65]。

以上学者针对一般企业持续创新概念的界定为我们研究高新技术企业的持续创新机制提供了有益思路。本书针对高新技术企业持续创新研究的关键是持续技术创新，研究的出发点是高新技术企业生存环境的动态复杂性，落脚点是高新技术企业的竞争优势再造，基于此，本书认为高新技术企业持续创新是指它在正确分析与预测企业外部环境以及审视自身资源与能力的前提下，围绕竞争优势再造战略意图，以顾客价值为导向，不断地、持久地进行技术创新以提供满足顾客需求的产品或服务，并根据内外部环境的变化不断反馈调整自己创新行为的过程。

（2）高新技术企业持续创新的内涵

向刚等（2012）认为，企业持续创新应该具有时间持续性、效益增长性和企业发展持续性 3 个基本特性，只有满足这 3 个基本特性的创新才可以被认为是持续创新[64]。根据向刚教授的观点，结合竞争优势再造的落脚点，在理解企业持续创新内涵时应注意以下几点：

①阶段性。高新技术企业持续创新是分阶段的循环过程，创新初期是思维性的观念创新，创新中期是实践性的运作创新，创新后期是产出的绩效阶段。3 个阶段依次接力，推动企业的持续发展。

②周期性。技术的更新换代对高新技术企业的竞争优势起着重要作用。高新技术企业为了保证竞争优势持续性，必须从生命周期视角进行创新，当原创新不能继续为企业带来超额利润时，必须将其淘汰，再展开新一轮创新，使企业始终保持在循环创新之中。

③市场性。高新技术企业的技术创新必须围绕市场进行，概念设计、产品研发、市场推广必须始终面向顾客需求，其主要动力也必须靠市场需求拉动，技术创新的成效也必须通过市场来检验。

④风险性。高新技术企业持续技术创新是一个复杂系统，具有高度的不确定性。高新技术企业的技术创新还是一个高投入的过程，创新的成功与否往往决定了企业的生死存亡。

6.2.2　基于持续技术创新的高新技术企业持续竞争优势再造

在传统的静态环境中，企业只要进行技术创新形成技术优势，就可以形成防护机制，在相当长的时间内成功阻止竞争对手的模仿和侵蚀，创造持续竞争优势。

但是在动态复杂环境下，技术、顾客需求以及商业模式等各种因素都处于剧烈而不连续的非线性动荡过程，知识和信息流动速度加快，大大提高了竞争企业的模仿能力，竞争者可以很快地复制领先企业的技术和产品。模仿障碍以及先发优势等传统市场中的竞争利器已无法面对更加激烈的市场竞争，更无法继续为企业保持长期稳定的利润来源。因此，在动态复杂环境中，高新技术企业若想获得持续发展，只有积极、主动地通过持续技术创新连续的创造一系列新的竞争优势，让企业在竞争优势的不断更迭中获得持续竞争优势。

在动态环境中，不断的创造新的竞争优势是高新技术企业保持竞争优势的唯一出路。高新技术企业必须充分把握每一个市场机会，针对顾客需求进行持续技术创新，动态循环地为企业创造竞争优势。最重要的是，企业必须通过有效技术创新为企业赢得超额利润，建立技术优势。在此基础上，当现有的单一技术优势开始被模仿，企业必须判断当前优势能否长时间持续，答案为否定时，企业要主动进行新的技术创新，以这样的创造性破坏过程形成新的技术优势。不断重复前面的建立与破坏过程，经过这样的循环，竞争对手将永远被抛在身后，企业将得以保持自身的竞争优势。通过创造一系列的竞争优势阻止竞争对手的快速模仿，从而在整体上形成企业竞争优势的不断更新(图 6.3)。

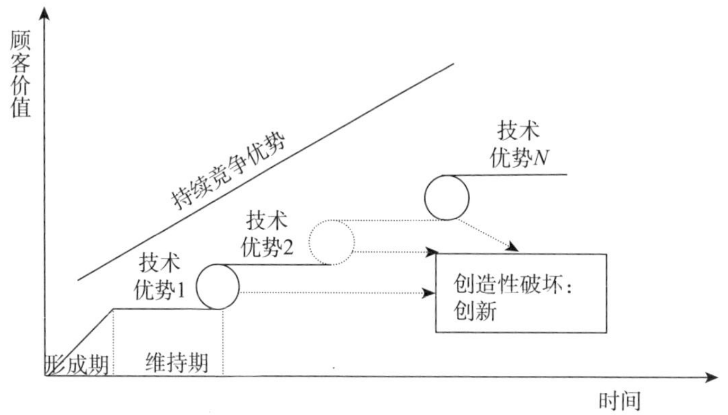

图 6.3　企业持续创新模型

高新技术企业的持续技术创新也可以看作企业动态环境下竞争优势的一种新保护机制，作用主要体现在以下两方面：一方面，持续技术创新能够在一定程度上降低成本，也会为企业带来技术差异，利用技术领先获得先发优势，即使存在技术扩散也不会在短时间内大幅度侵蚀企业优势。另一方面，考虑到技术扩散总是需要在一定时间内依次进行，如果企业的技术创新是不间断的，就可以充分利用各技术创新与扩散的时间差来持续建立技术领先地位。

6.2.3　高新技术企业持续技术创新机制构建

为了实现竞争优势的持续更新，高新技术企业必须建立持续技术创新机制。这个机制是一个以分析顾客价值与企业内外部技术监控为出发点，从技术创新决策制定、实施到顾客价值实现的一个循环往复过程（图 6.4）。

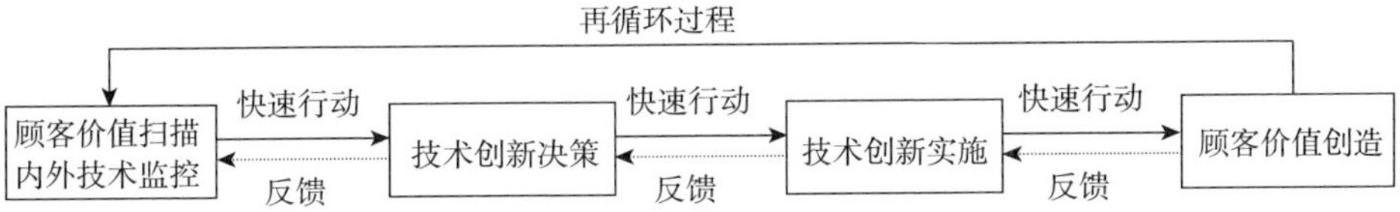

图 6.4　高新技术企业持续技术创新过程

（1）研究顾客需求

高新技术企业的技术创新只是手段而不是目的，高新技术企业要创造竞争优势，必须通过技术创新提供能满足或创造顾客需求的产品和服务。如前文所述，顾客需求可以分为显性需求和潜在需求。如果企业采用的新科技能够真正的给顾客创造价值，即使在创新开始时顾客不习惯，企业仍可借助于人性化的技术，加上适当的市场营销手段，强调新科技的价值所在，再通过给顾客适当的信息、教育和训练，最后仍可实现顾客的潜在价值。这都需要高新技术企业对顾客显性和潜在需求进行深入细致的研究判断。如微软面向顾客显性需求采用简单的 BASIC 语言来开发驱动程序受到了顾客广泛的欢迎，海尔推出无须洗衣粉的洗衣机，经过 3 年的推广终于赢来市场销售高潮。

（2）建立技术监控系统

企业进行技术创新时，必须充分利用各种有效手段建立自己的技术监控系统，及时监控企业内外部技术发展动态。这样，既可以洞察先机、抢占商机，又能避免重复无效的研发活动。技术监控可以有多种形式：如建立新科技档案，利用各种现代手段搜集某方面的最新动态信息；主动参加大规模高规格的商展，并特别留意新科技发展动态；学习权威性、在行业内有较大影响力的产业通信系统；管理人员特别是中高层管理人员要保持交流，制定并时刻关注科技发展规划；组织成员可以定期进行头脑风暴，产生新创意或新思想。在信息技术、网络技术高度发达的知识经济时代，企业必须充分利用信息科技，建立有效的技术情报系统。

（3）科学决策、快速行动

在深入分析顾客需求并认真审视自身技术特点的前提下，高新技术企业还必须做出科学的技术创新决策并快速地采取技术创新行动。企业不能过于专注技术本身，一味地追求技术的先进性，无论是高精尖的新技术还是原有陈旧技术的新组合，任何能够满足或创造顾客需求的新技术都是有效的技术创新。在技术创新中，企业还必须随时关注竞争对手。竞争对手也会时刻关注先进企业的技术手段进行模仿，或者推出新技术进行技术竞争。在竞争中，谁能够最先准确判断顾客需求并最先抢占技术高点，谁就会持续获得竞争优势，独占超额利润。

（4）信息反馈与循环创新

通过上述3个过程，高新技术企业完成了一次技术创新的目标任务，并通过市场验证获得了技术创新的回报。但是，在动态环境下，高新技术企业的技术创新不是阶段性孤立行为，技术创新绩效保持的时间比传统环境下大大缩短。因此，在技术创新过程中，必须时刻注意各环节的信息反馈，及时调整技术创新各阶段行为，使技术创新各要素、各环节与企业内外环境相适应、相配套，形成一个开放、协调的技术创新体系，以实现创新效果最大化。最为关键的是，在一次技术创新过程结束后，企业还需要根据创新的结果及时总结、反思自己各阶段的创新行为，在此基础上实施企业技术创新过程的再循环，以实现竞争优势的持续再造。

6.3 高新技术企业持续竞争优势再造的开放创新空间路径

6.3.1 开放创新的概念及内涵

（1）开放创新的概念

在动态复杂环境下，知识的增长与扩散速度加快，产品的生命周期大大缩短，传统的垂直一体化的封闭式创新模式面临外部环境的巨大挑战，导致企业面临的研发压力不断增大，迫切要求企业转变原有创新模式。

开放式创新强调企业全体员工、顾客、供应商等创新利益相关者以及技术合作的重要性，强调通过均衡协调企业内部和外部资源创新思想，开放式创新的基本思想如图6.5所示。

在传统的封闭创新中，创新过程被完全限制在企业内部，而在开放创新中，如图6.5所示，企业边界（图中用虚线表示）具有极强的开放性，研究成果与创新资源可以自由进出企业，创新的过程与企业内外部资源联系更加紧密。

学术界对开放式创新有不同研究角度的解析。通过与封闭式创新的对比，我国的学者杨武（2021）将开放式创新定义为“有意识地将企业内外部资源与能力整合起来，系统的寻找创新资源，并通过多种渠道开发市场机会的创新模

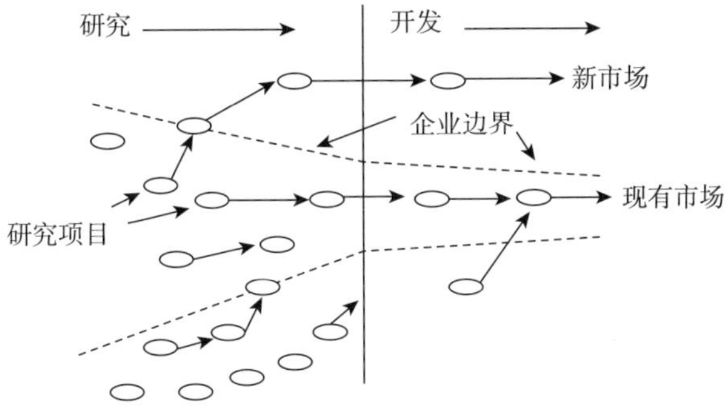

图6.5 开放式创新的基本思想

式”，认为开放式创新可以使企业能够在外部寻找技术解决方案，通过同等对待内外部创新理念，企业能够在较短的时间内以最小的成本将创新价值传递给消费者[66]。根据陈劲等（2020）学者的观点，开放式创新模式是指企业在技术创新过程中，同时利用内部和外部相互补充的创新资源实现创新，最终通过企业内外两种途径实现商业化[67]。

从把顾客当成合作设计者的角度，Frank Piller（2003）等学者构建了开放式创新的基础框架，将开放式创新定义为系统地从消费者和使用者那里收集和整合信息来产生创新并修正或规范产品与服务的过程[68]。

上述学者关于开放创新的观点具有较强的内在一致性，如都强调顾客资源的利用，创新最终要通过实现顾客价值来完成市场验证。基于上述观点中关于顾客在开放式创新中地位与作用的一致性，结合高新技术企业持续竞争优势再造的顾客价值导向，本书关于开放式创新的论述将基于Frank Piller等学者的研究成果从顾客价值的角度展开。

（2）开放创新的内涵

“开放”是开放式创新模式的最根本特征。首先，这一特征体现在开放的创新环境上，信息与知识的快速传播与流动、开放的知识产权市场、风险投资的兴起以及顾客需求的个性化、定制化均为高新技术企业创新提供了前所未有的开放式创新环境。其次，体现在开放的创新主体上，环境的变化使顾客的角色定位发生了变化，由最初的适应产品转变为选择产品，进而转变为参与产品的设计、研发、试用、推广的全过程，成为开放式创新体系的关键组成部分。再次，体现在开放的创新资源上，顾客在开放创新中将起到创新资源库的作用，企业为了充分了解市场需求，必须将顾客集成到创新过程，以此明确创新目标，引导创新方向，加速新产品市场推广，最终通过迅速占领市场形成竞争优势。此外，开放的特征还体现在开放的创意开发上，顾客可以在新市场机会、新思想和新概念的产生和识别上为企业创新提供重要依据。顾客的意见、建议甚至批评和抱怨都将在一定程度上决定企业创意能否成功市场化。

6.3.2 开放创新与高新技术企业持续竞争优势再造

开放式创新模式适应了新环境下高新技术企业创新的需要，无论是在降低企业研发成本上，还是在增加企业收益和市场份额等方面，都能够实现持续竞争优势再造。

（1）缩短研发周期，降低创新成本，增强企业竞争优势

顾客作为创新资源参与企业创新过程，便于企业通过信息集成缩短产品市场化时间，大大缩短研发周期。顾客作为高新技术企业创新主体参与产品设计、研发、试用、推广全过程，可以为企业节省大量创新成本，大大减少高新技术企业高投入的资金压力；顾客还可以通过提供新思想或新概念，为高新技术企业找到市场突破口，或者为企业提供产品改进建议，增强产品市场竞争力。例如，微软曾把 Windows 2000 Beta 版发给 65 万多名软件工程师进行测试，获得了大量的意见反馈，不但为微软节省了相当于 5 亿多美元的研发费用，还大大提高了产品性能。

（2）促进创新资源的优化配置，促进竞争优势循环更新

在封闭创新条件下，企业创新活动经常受限于有限的创新资源，很少将外部创意应用于自己的业务开发。而开放式创新将限制创新资源流动的企业边界打破，顾客可以更大程度地参与到企业创新之中，企业可以将自身的创新资源与顾客资源进行优化组合，并通过顾客资源的优势将创新成果推向市场实现创新价值。通过这样的资源优化不但可以激活企业原有闲置的人力与技术等创新资源，还可以通过创新成果的快速市场化为企业增加收益，进一步增加企业的有效创新资源，促进研究与开发衔接，形成竞争优势的不断循环更新。

（3）加快创新速度，迅速占领市场，创造先发优势

当前环境下，科技知识更新的规模和速度呈现出空前的趋势，现代的企业竞争，是一个迅速抢占市场的过程。对于高新技术企业来说，创新的速度和时间显得尤为重要。企业运用开放式创新模式，使顾客成为企业合作生产者与推广者，可以让企业更加充分、更加准确地预测市场需求，明确创新目标，缩短市场对产品的接受时间，快速占领市场，创造先发优势。

（4）降低创新风险，提高创新成功率

高投入、高风险是高新技术企业的内在特性，快速变化的外部环境使企业创新风险大大增加。而在开放式创新中，研究、开发、生产和销售均是在顾客价值导向中完成的，大大提高了创新的市场竞争力，降低了企业创新风险，提高了成功率。

6.3.3　基于顾客价值的高新技术企业开放创新策略

(1) 正确识别顾客在高新技术企业技术创新中的定位

战略管理研究成果总结出价值创造中的顾客的 5 种角色，其中资源与共同创造者角色位于组织活动的上游或输入侧，购买者、使用者和产品角色位于组织活动的下游或系统的输出侧。基于顾客参与高新技术企业技术创新角度，我们可以识别出顾客作为资源、共同创造者与用户 3 种角色。在技术创新的早期阶段，顾客是核心资源，对企业服务或原型产品开发具有重要价值；进入产品设计过程，顾客也能在价值共同创造中发挥重要作用；进入技术创新测试阶段，顾客不仅是单纯意义的使用者，在对产品进行测试时也能为其他顾客提供支持。顾客在高新技术企业技术创新中不同阶段的定位可以用图 6.6 表示。

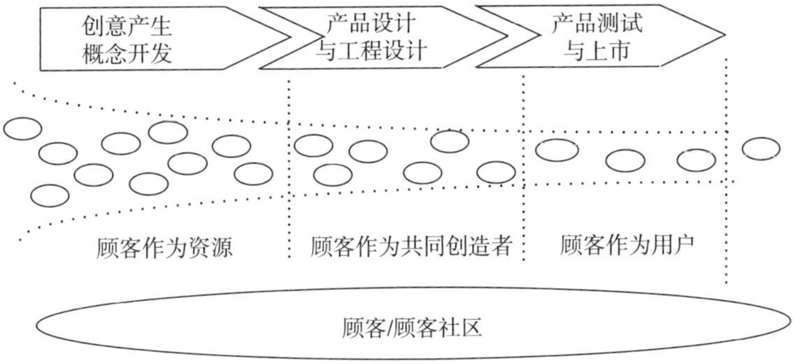

图 6.6　顾客在高新技术企业技术创新中的定位

①顾客作为资源。如前所述，顾客提供的信息是企业的宝贵资源。技术创新开始于创造性的创意，只有把焦点集中在顾客，才能开发出有价值的创意。顾客在创意产生与概念开发阶段的主要贡献表现在为企业提供信息与决策支持，表现的具体形式主要是意见、建议甚至是批评和抱怨。高新技术企业可以借助创意比赛、反馈热线、顾客座谈等方式或通过标准化投票以及问卷调查来获得顾客对产品创新、概念开发所持的态度与评价，最终根据顾客反馈信息进行决策。例如，标志公司曾发起主题为“Retro futurism”的设计竞赛，吸引了 80 个国家的近 2 800 名设计者带来了自己的设计作品。BMW 的在线交互式多媒体工具为顾客表达创意和评价提供了支持。Fiat 公司邀请

近 3 000 人参加了对 Punto 车型特性的在线选择与评价，从而获得了极有价值的市场信息。

②顾客作为共同创造者。在技术创新中顾客也可以充分参与企业的研发过程，为产品开发过程的优先权衡量、产品特性设计优化、产品结构选择等产品设计开发活动做出贡献。例如微软、SAP 的开发队伍中要求必须有顾客组织代表加入其中。和作为资源的角色相比，顾客作为共同创造者，支持企业与顾客互动机制需要更强的技术水平与更高的成本，企业与顾客间的互动频率也更高。因此，企业有必要加强对共同创造活动的针对性进行有效管理，以降低成本支出，提高顾客贡献。对于高新技术企业来说，顾客参加的价值往往在于顾客的知识参与，企业可以尝试在顾客管理中适当引入知识员工的管理方法。

③顾客作为用户。顾客可以创造产品支持和产品测试两种有价值的成果，高新技术企业可以通过网络技术等帮助消费者组成互助社区以提供产品支持，将测试产品的工作转移至消费者。相关研究表明，作为产品和服务的主要接受者和使用者，顾客在产品测试中具有极高水平的生产力，可以出色地完成产品测试任务。通过发挥顾客功能，企业可以减少重复设计，降低成本，较早地查出产品缺陷。顾客的经验积累可以为其他顾客提供支持帮助，这种帮助往往比企业内部产品支持人员能更好地解决顾客的实际问题。

（2）基于顾客价值的高新技术企业开放式创新模式构建

研究表明，随着时代的发展，顾客与企业之间的互动、顾客之间的互动越来越广泛地创造更多的创新价值，顾客参与企业创新的意愿越来越强烈。在当前环境下，高新技术企业必须学习如何正确定位顾客角色，有效地与顾客合作，高效创造价值，建立起顾客有效参与的开放式创新模式，最终获得期望的产出。顾客在技术创新不同阶段中角色定位的详细描述如表 6.1 所示。

表 6.1　技术创新不同阶段顾客角色分析

	创意产生、概念开发	产品设计、工程设计	产品测试、产品支持
顾客的主要角色	作为资源	作为共同创造者	作为产品用户
主要顾客“输入”	信息（抱怨、建议） 决定行为	共同创造	产品原型测试信息 产品使用信息
期望的“输出”	产品改进的创意和建议 新产品的创意 创意的评价	由顾客自己或利用工具箱设计的满足顾客个性化需求的产品原型	产品改进建议 为同伴顾客提供产品支持服务 新产品信息的散布

（续）

	创意产生、概念开发	产品设计、工程设计	产品测试、产品支持
典型顾客参与机制举例	问卷调查 建议箱 在线论坛 创意竞赛 “倾听”技术 领先用户 在线顾客社区	大量定制工具 开放源机制 用户设计机制 用户共同设计 在线顾客社区 领先用户	虚拟原型 信息加速器 市场测试 Beta 测试 虚拟证券交易市场 在线社区 领先用户

①确定目标。在实施顾客参与创新战略前，高新技术企业需要审视自身优势与劣势，明确创新目标，确定顾客对创新的预期贡献以及参与的创新路径与手段。针对技术创新中顾客的不同参与阶段，管理者应通过不同的考核指标（如获取新产品的数量、开发成本等）随时监督开放创新效果。企业与顾客均应有明确的创新与合作开发目标，并努力使双方目标一致或接近。

②选择正确的顾客。只有具备共同创造价值意愿并具备创造价值能力的顾客才能胜任产品设计与开发的合作任务，不同的顾客产品开发绩效也不尽相同。高新技术企业必须针对不同的开发活动、不同的开发阶段、不同的开发目标，选择不同的顾客，确定恰当的顾客参与方式，以保证技术开发活动的顺利完成。

③制定正确的顾客参与机制。在技术创新中，高新技术企业在选择“正确”顾客参与创新的基础上，还需要根据开发活动与顾客的差异制定不同的参与机制。例如，不同的产品开发活动中，顾客的水平也不同，顾客互动强度也存在差异，企业有必要制定差异化的顾客参与机制以充分获取不同类型的顾客知识。

④提供创新激励。顾客参与企业技术创新的意愿主要来自两方面：一方面可能认为参与这一过程是具有挑战性的体验，另一方面则来自货币奖励等。不同的技术创新阶段、不同类型的顾客，其参与动机也往往有所不同。高新技术企业需要加大顾客投资，采取有针对性的激励措施，为顾客有效的协作创新行为提供合理的回报，让顾客真实地表达自己的观点，最大限度地贡献诀窍、分享创意。

⑤提升顾客创新技能。顾客参与技术创新的意愿在一定程度上也受到顾客能力的影响。高新技术企业必须为顾客提供创新活动所需的信息、开发工具，必要时还应对顾客进行有针对性的培训以推进有效创新。企业为顾客提供的帮助应使顾客有能力完成相关的设计和开发。另外，企业还应该将顾客视为企业

员工的一部分，承担起将顾客培养成相关领域技术专家的任务。

⑥创建顾客社区，为顾客间知识互动搭建平台。群体性的顾客行为更能有效促进创新进程[69]。通过创建顾客社区，顾客在社区中能够相互合作、模仿、学习与竞争，这些行为均能在一定程度上刺激创意的产生。大量顾客的渐进性创新通过积累通常能形成类似突破创新的效果。顾客社区还利于创意及口碑的快速传播，形成顾客之间的良好互动。因此，高新技术企业可以围绕一个技术创新项目创建创新社区，鼓励顾客与顾客间互动，为企业创造价值。

6.4 高新技术企业持续竞争优势再造的协同创新组织路径

6.4.1 高新技术企业协同创新的概念与内涵

1. 高新技术企业协同创新的概念

如前文所述，高新技术企业具有典型的耗散结构特征。高新技术企业在充分开放、远离平衡态和一定外界的条件作用下，通过不断地与外界交换物质、能量、信息，在外界条件的变化达到一定阈值时，由原来的无序状态转变为在时间、空间或功能上的有序状态，这是一个通过涨落和内部非线性相干走上自组织过程的机制。将研究对象看作由大量子系统组成的系统，子系统彼此间通过物质、能量或信息交换等方式相互作用，整个系统形成一种整体效应或者一种新型的结构。自然界中，无论是简单系统，还是复杂系统，只要各个子系统之间、各个组成要素之间存在着连接、合作、协调与同步行为，便存在着协同。

在管理学界，安索夫在研究企业的多元化问题时提出协同问题，把协同看作价值创造中价值增量的来源。其协同的概念主要是指组织各事业部间的协同。安索夫认为协同的有效性一方面源于规模经济带来的好处，另一方面源于一个产品中积累的知识和经验应用于其他新的产品。安索夫从投资收益率的公式 ROI＝（S－C）/I 出发，根据公式中的相关元素将协同分为销售协同、运营协同、投资协同和管理协同四种类型。

从协同的角度看，只有隐性资产才能为企业带来竞争优势，企业应尽量选择可以创造隐性资产的业务进行发展，带着动态协同的意识去设计战略，并尽自己的最大努力去发展隐性资产，以此增强企业的竞争优势。

本文认为，高新技术企业的创新系统本身也是一个多要素的组合与协同过程，具有非线性、开放性、远离平衡态等耗散结构特征（图 6.7）。

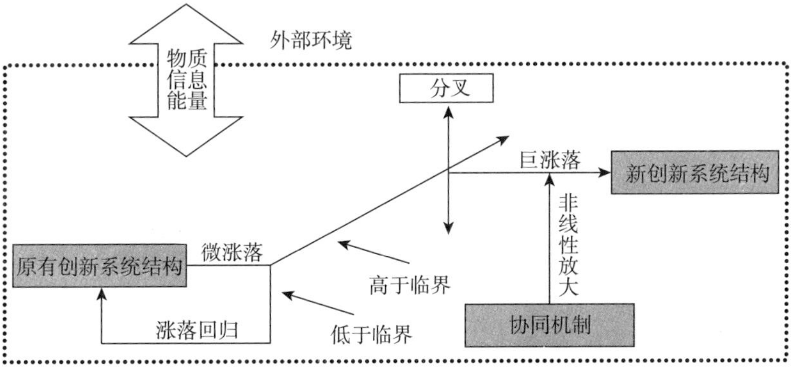

图 6.7　高新技术企业创新系统结构演进

在自组织系统中，一般用序参量来表示系统的有序程度，在系统处于无序状态时，序参量值为零，随着系统由无序向有序状态的演化，序参量从零向正有限值变化，序参量主宰着系统整体演化过程，如何找出序参量也是高新技术企业协同创新的关键要素。高新技术企业通过创新系统的演化实现竞争优势更新与再造。如本书第 2 章所述，竞争优势的基本内涵是企业在可竞争性市场上向顾客提供产品或服务过程中所表现出来的超越其他对手，并且在一定时期内创造超额利润或高于所在产业平均水平利润率的属性或能力。高新技术企业创新系统的演化根本目标在于创造顾客价值，而能否获取竞争优势在于企业能否更好地融入这种价值创造系统。顾客价值一方面作为描述创新系统整体行为的宏观参量，另一方面也是系统协同效应的表征和度量，支配着各子系统的行为，对高新技术企业创新系统的演化起着主导作用，因此，本文将顾客价值作为高新技术企业自组织演化的序参量。

高新技术企业创新系统不仅包括技术创新，也包括市场创新、组织创新、文化创新、管理创新等多种创新因素，各因素之间存在着复杂的非线性关系，不仅包括合作，也包括竞争。企业所追求的创新，不应只片面追求某一时段内某一方面创新因素的单独发展，应追求各创新因素协同发展后体现出来的整体优势。

在高新技术企业创新系统中，技术与市场要素处于重要地位，在很大程度上决定着创新绩效，其相互关系体现为研发部门与营销部门之间的协同互动。战略、文化、制度、组织等因素是高新技术产业创新系统的重要支撑要素，与技术要素之间存在着复杂的相互作用以及协同演化的关系（图 6.8）。

基于以上分析，本文认为，高新技术企业协同创新可以定义为：以顾客价值为导向，以技术为核心，通过技术与市场、战略、文化、组织、制度等支撑要素的持续有机配合，实现单独要素所无法实现的整体动态协同效应，达到价

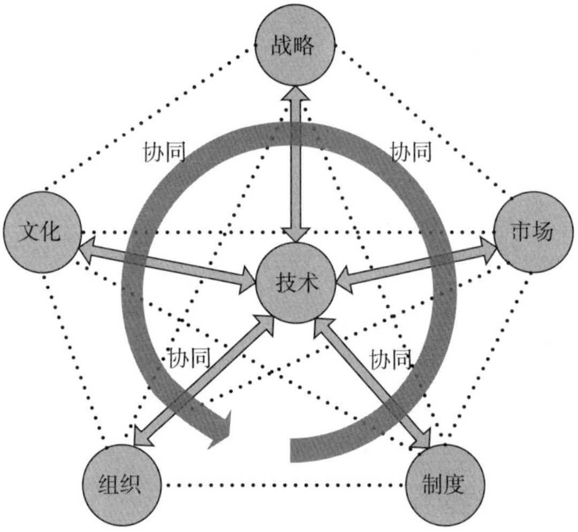

图 6.8　企业协同创新模型

值创造与增值并最终实现高新技术企业持续竞争优势再造的过程。

2. 高新技术企业协同创新的内涵

高新技术企业协同创新在以下方面不同于传统创新模式：

(1) 不同于一般的合作与组合，协同本身是一个过程，协同的过程性决定了高新技术企业协同创新的动态持续性。在此过程中，每一个要素既接受别的要素的选择，同时也主动选择能与自己较好匹配的其他要素。博弈双方或多方经多次博弈形成趋于合作的一个纳什均衡，参与博弈的企业创新各要素（各部门）从自身利益最大化出发，走向协同发展的道路，最终表现为系统整体的最佳功能，即在既定资源条件下实现创新绩效整体最大化。高新技术企业的耗散结构表明企业的稳定均衡状态只能是暂时的，从而协同过程也将伴随企业的发展持续展开（图 6.9）。

(2) 开放性是高新技术企业协同创新不可或缺的外在条件。根据耗散结构理论，系统从无序到有序必须从外界吸收负熵，除了抵消系统内自发的熵增之外，还必须有“剩余”，剩余负熵将转化为新的系统结构有序的提高。在企业协同创新中，为了获取“协同剩余”，经济、技术、环境等变量的驱动发挥着重要作用，针对于高新技术企业而言，顾客价值是最为重要的创新变量。这就要求高新技术企业技术创新不能孤立、封闭地进行，必须面向市场保持高度开放性，将顾客要素融入企业创新体系中，创造条件促进技术、市场、战略、文化、制度等要素的沟通，加强研发、制造等职能部门与营销部门间的信息、资源、人才交流，最大限度地实现顾客价值。

(3) 协同创新过程中要素间是一种非线性关系，这与创新的实际过程更为

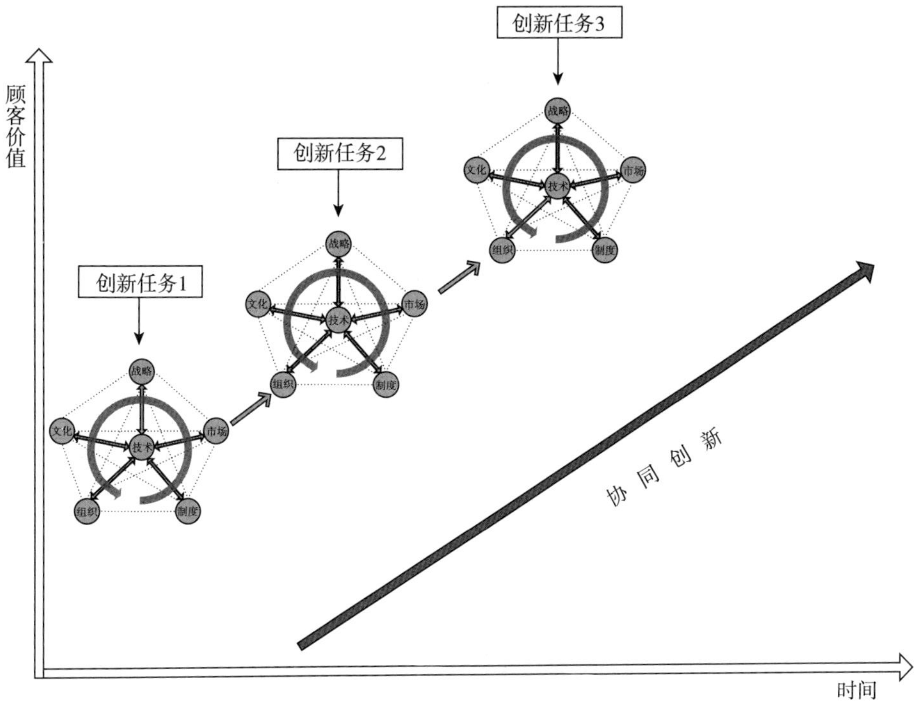

图 6.9　企业协同创新模式

接近。协同创新的这种复杂非线性关系表明高新技术企业一方面可以通过协同作用使创新系统实现高度有序状态，提升创新要素协同度，使整体创新绩效得到提高。同时高新技术企业在不确定性较高的动态组织变革环境中，在抓住技术主导要素的同时，也应该注意一些看似微小的创新因素，在一定的条件下会放大为重要的影响因素，成为企业竞争优势再造的关键要素。

6.4.2　协同创新与高新技术企业持续竞争优势再造

有学者指出，导致许多创新没有实现预期的最佳效益的一个重要原因就是没有采用系统的方法，忽略了系统中各要素的相关关系。也有研究发现，只注意抓研发中心建设而忽略其他非技术要素的企业中仅有 25%能够取得较好的创新绩效。浙江大学创新与发展研究中心的研究成果也表明，很多技术创新项目效率不高或没有实现预期效益，主要不在于技术要素，而在于企业的战略文化、组织结构与流程、制度、市场等非技术要素与技术要素没有很好的全面协同。主要体现在：

（1）观念、文化创新滞后于技术创新。

（2）缺乏明确的技术创新战略，或与经营战略没有协同好。

（3）缺乏激励技术创新的机制和制度安排。

（4）组织架构、组织流程不合理制约顾客需求识别、研发效率，导致创新绩效低下。

（5）市场脱离技术支持，技术缺乏市场导向，二者协同性差。

协同过程通过竞争机制优化选择要素搭配，一般要经历非常复杂的过程才能实现要素的协同，要素所追求的最佳组合结构具有明显的非线性特征，这是协同效应能够产生的内在依据。协同的目标不是追求一成不变，而是要做到开放式竞争，实现要素的共享与最佳匹配，实现价值最大化的协同效应。正如哈肯教授在《社会协同学》序言中所说："如果一个组织的单个成员之间彼此真诚合作，他们就能在生活条件的数量和质量改善上，获得前所未有的独特成效"。表现在高新技术企业的创新系统中，就是协同作用不仅可带来价值增加，而且可以带来价值创造。

高新技术企业创新系统是一个充满相关要素联系、互动、匹配和协同的过程。由单独某一个要素以线性过程实现的创新只是一种特例，只能暂时为企业带来某一方面的短暂竞争优势。基于创新的要素协同是实现企业创新的组织手段和工具，不仅会影响到企业当前的创新绩效，而且也会在各要素动态的组合和协同过程中，形成企业持续创新和开放创新的一种能力，显然这种能力要比任何单一要素作用都更为重要。一个拥有持续竞争优势的企业，或者一个希望获得持续竞争优势的企业，必须通过有效的手段和管理，达成各相关创新要素的全面协同，最大限度地实现价值增值或价值创造。

协同创新主要通过协同效应来实现高新技术企业持续竞争优势再造，具体表现在以下几方面：

1. 通过获得协同剩余创造竞争优势

协同创新过程不强调要素的完整独立，追求在既有资源条件下通过要素的相干作用实现整体功能的放大，即产生 1＋1＞2 的功效，产生加速组织有序化进程的"协同剩余"。相对于企业盈利的市场目标以及利益最大化要求，企业拥有资源总是"有限的"。有些高新技术企业，虽然拥有较强的资源优势和技术潜力，而市场竞争优势却不明显，说明企业的资源存量和潜在能力没有完全激活，存在能力闲置和资源相对过剩情况。协同创新通过各相关要素协同，优化要素的组合方式，激发企业资源的效能，产生"协同经济"，创造"协同剩余"，可以有效实现企业创新资源与创新能力的匹配，提高企业整体绩效，提升企业竞争优势。

2. 通过降低创新成本创造竞争优势

协同创新的优势还在于，协同创新比传统创新模式能以更低的代价创造出同样的价值或以同样的代价产出更高的价值。协同创新可以通过以下途径降低创新成本：首先，协同创新可以通过技术与市场的互动协同，降低技术搜寻和试营销成本；其次，协同创新可以通过研究开发部门、生产部门和营销部门的联动与协同，降低创新组织成本；此外，协同创新还可以通过组织效率的提高提升创新成功率。

3. 通过提高创新速度创造竞争优势

技术与市场的快速变化是高新技术企业面临的新形势。雄厚的技术实力还不足以单独成就高新技术企业的创新业绩，对市场的快速响应也是企业竞争优势的重要表现。通过企业组织、研发、营销等部门的有效协同，可以实现高新技术企业的整体创新优势，体现在加快市场响应速度、快速交货、提高客户意见反映速度、降低采购周期、提高资金周转率等方面。对于面临激烈竞争环境的高新技术企业来说，协同创新有助于提高企业技术创新速度，实现速度经济效应，从而率先响应市场，快速建立竞争优势。

4. 通过促进管理创新创造竞争优势

协同创新主要表现为技术、市场、组织的协同过程，包含着企业组织模式的变革，在企业中最终体现为各相关部门之间、人与人之间的新型关系。协同创新可以减少组织摩擦，降低交易成本。一般来说，组织一旦形成，就具有一定的刚性，它不可能对市场的突发变化进行瞬时调整。协同创新模式可以在保持组织整体相对稳定的情况下，增加组织面向市场的柔性。实施协同创新的企业还会逐渐生成一种观念：创新不仅仅是研发部门的事情，创新也是任何一个部门、任何人在职责范围内的工作。通过观念和机制的重塑，可以大大提高企业组织的创新绩效，实现竞争优势的更新再造。

6.4.3　高新技术企业协同创新策略

根据高新技术企业的耗散结构原理，在高新技术企业协同创新的过程中，应注意降低各协同要素的“知识位差”，保持足够的系统开放度，增强环境敏感度，注重系统“微涨落”，完善促进“有序”的正反馈机制，增强创新协同主体的动态调整与适应能力，实现创新整体绩效最大化。协同创新没有固定统一的最优模式，企业可以从自身的特点出发，选择与自身实际情况与发展目标相匹配的协同创新模式。高新技术企业促进协同创新可采取以下策略：

1. 树立协同创新的战略思维

创新在本质上是一个面对变化不断学习的过程。创新也意味着增加成本，这就需要高新技术企业各个部门克服原有的惯性，需要建立一种机制使概念转换为实际行动，表明并加强管理者对创新参与、承诺、激情及支持的意识。并且，高新技术企业的创新项目往往意味着长期的使命感，而非追求短期利润。由于高新技术企业创新的高度不确定性，所带来的回报很可能不会很快出现，需要参与创新人员的高度耐心与长期坚持，在现实中往往不容易做到。解决这一问题的方法在于不仅要关注创新投资的回报而且要关注其他创新成果，例如未来的市场份额增长或由更加灵活敏感的产品所带来的战略利益的自然增长。协同创新一方面要求企业高层领导要具有较高的风险接受能力，另外，还要将组织所承担的风险看作企业及员工学习和发展的机会。也就是说，要实现协同创新，高新技术企业的全体人员首先要形成创新至上、共担风险的战略共识。

2. 建立灵活高效的协同创新组织结构

高新技术企业面临的是高度不确定性的变化环境以及高度的行业竞争，这就要求企业必须建立具有高度灵活应变性的扁平化组织结构，通过融合不同职能专家，紧密的市场关系，用户参与广泛的组织变革计划，以及发展团队合作和其他组织协作方法获得协同创新绩效。在高新技术企业的组织建设中，应注意发挥两方面作用：一是组织的关键个人作用，在高新技术企业中，关键个人主要指组织发起人、项目组领导、经营创新者以及技术核心成员。关键个人对于创新的贡献不仅体现在科技知识方面，还体现在当创新过程遭遇障碍时所体现出来的精神、激励作用和使命感。企业组织中的关键人物对协同创新的态度将在很大程度上决定协同创新绩效。另一方面，要充分发挥团队合作的潜在价值。实践表明，在高新技术创新中，团队比个人有更大的作用，这些团队的典型形式包括项目组、职能交叉、解决问题小组、工作单元和工作小组。明确的团队任务、良好团队角色平衡、合理的冲突解决机制以及与外部组织的畅通联络机制都将极有效地提高协同创新整体绩效。

3. 营造促进协同创新的组织文化

宽松的组织创新氛围有利于提高创新绩效。鼓励支持广大员工互相合作进行创造性试验是许多杰出公司进行低成本学习和发掘新产品创意的很好方法。大量事实表明，这种创造性试验所花费的代价往往比严密的市场研究或谨慎的人力运用要少得多，同时创新效果也往往更好。在企业中营造相互支持与信任的文化氛围对于促进协同创新有重要的作用。高新技术企业可以通过经常组织各部门间的互访、文体活动、宴会、集体拓展运动等形式，促进各部门员工间的相互了解与信任，为协同创新打下良好的基础。

4. 建立便捷高效的协调沟通机制

高新技术企业可以采用内部技术信息通报和信息网络发布制度，以及定期召开科研汇报会等形式促进不同部门、不同项目间的信息交流和知识共享。这种沟通机制也可以不拘于固定形式，例如，惠普公司每个工作区域每天都有“咖啡座谈会”，各部门人员可以利用休息时间在此喝咖啡，进行非正式交流；联邦快递公司大约每 18 个月就将上千名经理人员召集起来开会交流；海尔集团每周六上午都进行高级经理人培训，这些都是企业可以采用的促进沟通协同的制度化措施。此外，高新技术企业还有必要借助于现代化信息通信技术的普及推广促进信息沟通与知识共享，例如 Internet、Intranet、手机 App、Email 及 ERP 等。现代化信息共享平台有助于提高创新的系统性，促进各创新部门的整合与协同。

6.5　本章小结

本章首先论证了创新与高新技术企业持续竞争优势再造的关系，提出了动态复杂环境下高新技术企业实施创新的原则，建立了面向持续竞争优势再造的高新技术企业创新模型，指出创新是高新技术企业持续竞争优势再造的根本路径，其中持续创新是高新技术企业持续竞争优势再造的时间路径，开放创新是高新技术企业持续竞争优势再造的空间路径，协同创新是高新技术企业持续竞争优势再造的组织路径。论述三种路径与高新技术企业持续竞争优势再造的关系，提出通过三种路径实现竞争优势再造的具体策略。

第7章 高新技术企业持续竞争优势评价模型

7.1 高新技术企业持续竞争优势评价指标体系构建

竞争优势典型的特征是综合性，综合企业所具有的显性资源、能力与隐性知识储备、知识创新等各种特质。想用单一指标来全面评价高新技术企业的持续竞争优势是不可能的，必须选用全面、综合指标并从动态视角来进行评价才能反映高新技术企业的持续竞争优势。

7.1.1 指标体系的确立原则

(1) 科学性原则

指标体系应建立在对高新技术企业持续竞争优势正确认识的基础上，能对复杂的、广泛地影响高新技术企业竞争优势的因素进行高度抽象和概括，抓住高新技术企业持续竞争优势最重要、最本质、最有代表性的东西，能充分反映企业竞争优势的内在机制，科学地设计测评指标体系，保证数学模型、方法的逻辑严密及参量因素分析的准确性。

(2) 系统性原则

高新技术企业是一个具有耗散结构的开放系统，无论是从企业内部横向来看还是从时间视角动态来看，高新技术企业都具有系统性。所以，进行持续竞争优势评价时就必须考虑企业内部各种因素的复杂关联，与外部政策、制度等各种环境要素的适应性，既考虑内部微观要素，也要考虑整体宏观要素，也就是系统、全面、综合、整体性地进行评价。

(3) 量化原则

指标的可比性是进行综合评价时经常遇到的问题，这就要求评价指标必须量化。指标设置应以量化数据为基础，尽量不使用软指标，减少人为打分评判过程，以使各项数据易于获取并具有连续性、可比性的特点，既要确保指标和评价结果具有客观性，又要保证评价指标和结果可重复、可验证。

(4) 可行性原则

在进行指标设计时，我们总是希望能有一个完美的指标体系来描述高新技术企业持续竞争优势的各个方面，但在实际操作中却经常出现数据难以获得或指标繁多而难于操作的情况，这就要求在指标的选取上尽量选取比较有代表性的公认指标和专业指标，比较准确、简洁地表述所涵盖的内容，以使数据搜集易于进行，减少工作量，达到可操作性的目的。

7.1.2　指标体系的建立框架

高新技术企业持续竞争优势涉及范围很广，可供选取的指标也不计其数，不可能随意选取。所以，必须根据一定的标准将竞争优势划分为不同层次，在每个层次上选取具有代表性和可操作性的指标，以此构成高新技术企业持续竞争优势评估的综合指标体系。

高新技术企业由于自身的特点及特性，如人力资源优势、技术优势等，往往能够在竞争中产生一定的外在竞争优势，可将其概括为显性优势。在高新技术企业的发展中，由于外在环境的变化及竞争的加剧，要求高新技术企业具备一定的环境适应能力，否则剧烈变化的环境会给高新技术企业既定的竞争优势带来一定的阻力，阻碍优势的进一步持续。为适应环境的变化，面对日益加剧的行业竞争，高新技术企业必须具备相应的竞争优势再造能力。面向顾客价值，加速技术创新，不断地创造新的竞争优势，具备优势再造能力的高新技术企业才能获得持续的竞争优势。基于此，本书把高新技术企业持续竞争优势的评估分为 3 个层次：分别为显性优势、环境适应优势和再造优势。

显性优势是企业通过与外部环境的交互、内部要素的整合并在此基础上已经反映出来的整体优势，这种优势处于企业表层，易于直观发现。正如第 2 章所述，根据竞争优势的综合观，显性优势直接表现在企业的人力资源、财务资源、企业技术能力以及企业所在行业发展环境中。

环境适应优势指企业的发展离不开外部环境，环境也随着企业发展在不断变化，反过来环境也在时刻影响或制约高新技术企业的发展。企业的外部环境是企业赖以生存和发展的外在基础，企业是一个综合系统，企业的生产经营活动必须与外部发生错综复杂的联系。高新技术企业对社会环境、市场环境的适应性也在一定程度上决定了其持续竞争优势的强弱。

再造优势是指高新技术企业随着外在环境变化持续更新自己的资源与能力，从而增强企业创造财富、响应顾客需求的能力优势，侧重于从影响企业竞争实力因素的角度来考察形成这种结果的原因，并预示企业竞争优势未来发展趋势。影响高新技术企业再造优势的因素有很多，企业文化、组织学习、动态能力均可促进企业竞争优势再造，但所有这些因素都将通过创新尤其是技术创新展开，并以顾客价值的创造为导向，所以，再造优势可由技术创新和顾客价值导向两方面概括。

基于以上分析，本章构建了高新技术企业持续竞争优势评价指标体系框架如图 7.1 所示。

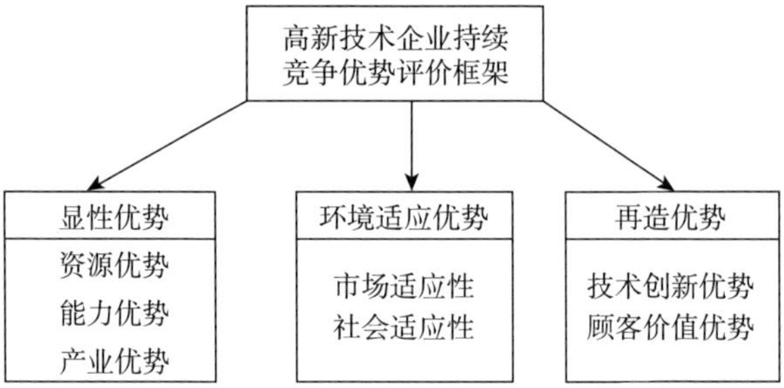

图 7.1　高新技术企业持续竞争优势评估框架

7.1.3　指标体系的确立

根据评价指标体系的上述建立原则和框架，本章通过指标初选、征询专家意见的 3 轮反复筛选，最终确定了由表 7.1 中 24 项指标构成的高新技术企业持续竞争优势评价指标体系：

表 7.1　高新技术企业持续竞争优势评价指标体系

	第一层次	第二层次	具体指标层
高新技术企业持续竞争优势 A	显性优势 A1	资源优势 B1	专科以上学历员工比率 C1
			企业已有知识产权数量 C2
			人均资产额 C3
			人均技术装备水平 C4
		能力优势 B2	全员劳动生产率 C5
			人均利润额 C6
			资产报酬率 C7
		产业优势 B3	产业销售收入增长率 C8
			产业平均利润率 C9
			供应商增长率 C10
	环境适应优势 A2	市场适应性 B4	市场占有率 C11
			产品销售率 C12
			合同履约率 C13
		社会适应性 B5	社会公众投诉率 C14
			社会贡献率 C15
			企业资信度 C16

（续）

高新技术企业持续竞争优势A	第一层次	第二层次	具体指标层
	再造优势 A3	技术创新 B6	新产品销售比率 C17
			产品研发比率 C18
			研发投入比率 C19
			新产品研发成功率 C20
		顾客价值 B7	营销人员比率 C21
			无形资产占比 C22
			企业知名度 C23
			顾客美誉度 C24

对以上部分指标的具体解释如下：

（1）专科以上学历员工比率（C1）

该项指标是根据国家对高新技术企业的界定标准选取的，专科以上学历员工比率也是衡量高新技术企业竞争实力的一项重要指标，该指标的计算公式为：

$$专科以上学历员工比率=\frac{专科以上学历员工数}{企业员工总数}\times 100\%$$

（2）企业已有知识产权数量（C2）

该项指标反映高新技术企业专有知识资源占有情况，用于衡量企业知识资源优势。

（3）人均资产额（C3）

该项指标反映企业资产情况，用于衡量企业资产优势。计算公式为：

$$人均资产额=\frac{企业资产总额}{企业员工总数}\times 100\%$$

（4）人均技术装备水平（C4）

该项指标用于反映企业的技术装备水平，指标值越高，说明该企业的技术装备越充足，技术装备的管理能力与水平较高。计算公式为：

$$人均技术装备水平=\frac{企业生产用设备现值}{企业生产人员总数}\times 100\%$$

（5）全员劳动生产率（C5）

该项指标用于衡量企业生产能力，该项指标值越高，说明企业生产能力越强，生产效率越高。计算公式为：

$$全员劳动生产率=\frac{企业当年生产总值}{企业当年员工总数}\times 100\%$$

(6) 人均利润额（C6）

该项指标是指企业员工创造利润的能力，借以反应高新技术企业的盈利能力。计算公式为：

$$人均利润额=\frac{企业当年利润总额}{企业当年员工总数}\times 100\%$$

(7) 资产报酬率（C7）

该项指标反映高新技术企业运用企业的全部资产为所有者获取利润的能力，可以用来衡量企业所有经济资源的运用效率。该项指标值越高，表明企业的盈利能力和资产运用效率越高。计算公式为：

$$资产报酬率=\frac{净利润}{资产总额}\times 100\%$$

(8) 产业销售收入增长率（C8）

产业销售收入增长率主要用于反映高新技术企业所处行业环境为企业带来的优势，该项指标越高，说明企业所处的行业发展环境越好，获利能力也较一般行业要强。计算公式为：

$$产业销售收入增长率=\frac{当年产业销售收入总额-上年销售收入总额}{上年销售收入总额}\times 100\%$$

(9) 产业平均利润率（C9）

该项指标反映高新技术企业所处产业的平均获利水平，是产业发展状况的另一个重要指标。计算公式为：

$$产业平均利润率=\frac{当年产业利润总额}{当年产业总销售额}\times 100\%$$

(10) 供应商增长率（C10）

该项指标反映高新技术企业所处产业的供应商原材料供应情况，一方面考察高新技术产业原材料的供应是否满足行业增长需要，另一方面考察行业内高新技术企业与供应商的议价水平。计算公式为：

$$供应商增长率=\frac{当年供应商数量-上年供应商数量}{上年供应商数量}\times 100\%$$

(11) 市场占有率（C11）

市场占有率反映了高新技术企业的产品在市场上的占有程度。该指标比率高则说明企业的产品更适应所在的市场环境，在市场中具有较强的竞争优势，相对于竞争对手能创造更好的绩效。计算公式为：

$$市场占有率=\frac{企业销售额}{全行业同类产品销售额}\times 100\%$$

（12）产品销售率（C12）

产品销售率反映产品已实现销售的程度，用于衡量产销衔接情况，研究产品适合社会需求程度和市场接受度。计算公式为：

$$产品销售率=\frac{产品销售量}{产品生产量}\times 100\%$$

（13）合同履约率（C13）

用于反映企业的服务质量，该项指标越高，说明企业为合作者提供的服务能较好地满足上下游企业的需求，具有较好的社会信誉。计算公式为：

$$合同履约率=\frac{合同执行数}{合同总数}\times 100\%$$

（14）社会公众投诉率（C14）

该项指标用于反映高新技术企业社会形象，是一项逆指标，该项指标值越高，说明企业社会形象越差，社会适应性越弱。其取值为一年内企业被社会公众投诉次数。

（15）社会贡献率（C15）

社会贡献率可以反映高新技术企业与社会分享发展成果的程度，是衡量企业社会责任的一个较好指标。企业的社会贡献可以用社会捐赠额近似替代，计算公式为：

$$社会贡献率=\frac{企业对社会捐赠总额}{企业平均资产总额}\times 100\%$$

（16）企业资信度（C16）

反映企业的社会资信情况，一般由专业评估机构完成该项指标的测算，该项指标越高，说明企业在面对环境变化或发展需要而进行融资或求助的时候越易受到资助。进行定量评价时可以将该项指标进行五分制的折算以计算具体数值。

（17）新产品销售比率（C17）

新产品一般可定义为最近一年内投入市场的产品，新产品销售比率主要反映高新技术企业产品创新能力，此项指标越高，说明企业创新产品越符合市场需求，未来市场竞争能力也越强，构建新的市场竞争优势的机会就越多。计算公式为：

$$新产品销售比率=\frac{新产品销售收入}{全部产品销售收入}\times 100\%$$

（18）产品研发比率（C18）

产品研发比率旨在从产品研发角度考察高新技术企业产品更新换代水平，也可以反映出企业在未来参与市场竞争的能力。计算公式为：

$$产品研发比率=\frac{在研产品数+储备产品数+新产品投产数}{现有生产产品总数}\times 100\%$$

(19) 研发投入比率（C19）

研发投入比率即高新技术企业在技术创新活动中投入的研发经费的程度。此项指标越高，说明企业对技术创新重视程度较高，研发资金投入较大，未来产出能力较强。计算公式为：

$$研发投入比率=\frac{\textbf{R\&D}\ 投入经费}{产品销售收入总额}\times 100\%$$

(20) 新产品研发成功率（C20）

此项指标主要反映高新技术企业产品创新效率，是企业技术创新水平的综合体现，也是衡量企业研发管理水平的指标之一。计算公式为：

$$新产品研发成功率=\frac{产品开发成功数}{新产品开发总数}\times 100\%$$

(21) 营销人员比率（C21）

该项指标用于考察企业对营销环节的重视程度，高新技术企业的典型结构应该是重视研发与销售，此指标也可以部分体现出企业掌握了解顾客需求的程度。计算公式为：

$$营销人员比率=\frac{营销人员数}{企业员工总数}\times 100\%$$

(22) 无形资产占比（C22）

高新技术企业无形资产一般包括品牌价值、商誉等，该项指标综合反映了顾客对高新技术企业产品和服务的认可程度。计算公式为：

$$无形资产占比=\frac{无形资产额}{企业资产总额}\times 100\%$$

(23) 企业知名度（C23）

企业知名度反映了高新技术企业被顾客熟知的程度。在一般情况下，此项指标越高，说明企业营销效果越好。企业知名度的计算公式为：

$$企业知名度=\frac{熟知企业人数}{消费人群总数}\times 100\%$$

(24) 顾客美誉度（C24）

该项指标反映高新技术企业为顾客创造价值的程度，该项指标越高，说明高新技术企业为顾客创造的价值越高，顾客忠诚度也越高，越容易引发顾客重复购买。计算公式为：

$$顾客美誉度=\frac{赞誉产品顾客数}{购买产品顾客总数}\times 100\%$$

7.2　高新技术企业持续竞争优势评价模型构建

7.2.1　经济管理领域常用评价方法比较

目前国内外广泛应用于社会、经济和科技等方面的评价方法有近百种，在经济管理领域常用的评价方法主要有以下几种：

（1）专家评价法

专家评价法以有关专家的知识、经验和主观判断能力为基础，评价专家按照规范化的程序和评价标准，针对具体的评价对象提取最一致的信息，最终形成群决策意见的方法。专家评价法主要包括专家咨询法、规范评分法和加权平均法等方法。这类方法由于原理简单、易于操作，又能比较有效地吸收专家的知识和经验，因此，被广泛地应用于项目评价方面。我国的“863”项目、各类科技攻关项目的论证以及项目鉴定和评奖中均广泛采用专家评价法。专家评价法可以使专家组的评价意见经过一定的处理程序后而趋于收敛，缺点是在使用中容易受到专家知识、经验和主观见解等主观因素的影响。

（2）层次分析法

层次分析法（AHP）是美国著名运筹学家 T. L. Saaty 于 20 世纪 70 年代末提出的一种多层次权重求解，它通过分析复杂系统所包含的因素及其因素间的相关关系，将具体问题分解为不同层次，层次分析法所需的数据量相对较少，能够克服一般评价方法要求样本点多、数据量大的缺点，从而可广泛应用于系统因素间的量化分析[70]。层次分析法可以有效地将定性分析和定量分析相结合。系统、简单而实用，可以将人的主观经验判断以数量形式加以表达和处理，在人文社会科学领域中被广泛应用。

（3）人工神经网络法

人工神经网络技术的优势很明显，具备一定的智能性，能够从大量数据样本中自动学习以前的经验，无须繁复地查询和表述过程，不论函数具体形式如何，人工神经网络技术均能自动逼近最佳刻画样本数据规律的函数。越是复杂、非线性程度越高的函数，人工神经网络技术的评价、模拟预测优势就越明显。基于以上特点，人工神经网络技术在模式识别、非线性动态处理等领域得到了广泛应用。人工神经网络法的缺点在于对数据量的要求比较大，函数刻画的准确性与数据样本量的大小密切相关，这一特点使人工神经网络技术在经济管理领域中的应用受到了一定限制。

（4）模糊综合评价法

现实世界是复杂的，存在大量无法进行准确度量或评价的客观现象。如前所述，高新技术企业也是一个复杂的系统，其持续竞争优势更是具有不明确性，难以直接准确度量。模糊综合评价是在人文社会科学领域被广泛使用的一种评价方法。它的出发点是根据人类自然语言对客观事物进行评价，并将自然语言转化为数值处理方式，较好地结合了数学基础和概念语言，非常适用于人文科学等不宜或难以直接数据量化的评价对象。具体来讲，模糊综合评价法是一种基于模糊数学的综合评价方法。该综合评价法根据模糊数学的隶属度理论把定性评价转化为定量评价，即用模糊数学对受到多种因素制约的事物或对象做出一个总体的评价。它具有结果清晰、系统性强的特点，能较好地解决模糊的、难以量化的问题，适合各种非确定性问题的解决。

（5）数理统计方法

目前在科技评价中也广泛应用主成分分析、因子分析、聚类分析、灰色关联分析等数理统计方法。数理统计方法不基于专家判断，可以完全排除评价过程中人为因素的影响，而且适用于一种评价指标彼此相关程度较大的对象系统的综合评价，在对方案进行排序或决策选择时非常有效。数理统计方法并不反映现实中评价目标的真实重要性程度，其应用前提是要求评价对象的各因素要有具体的数据值。

7.2.2 高新技术企业持续竞争优势评价方法选择

通过以上对各种评价方法的分析可以看出，上述评价方法各有优缺点，必须结合评价项目的特点来进行选择，高新技术企业持续竞争优势评价模型必须建立在对高新技术企业持续竞争优势正确认识的基础上。

一般来讲，高新技术企业持续竞争优势的评价要求结果尽量明确，聚类分析法只能将评价对象归于某几类而无法给出具体明确的评价结果，故不适合高新技术企业竞争优势的评价。主成分分析、因子分析法一般要求较大的数据量，对只有几年数据或几个评价对象数据则应用意义不大，而人工神经网络技术的准确性也取决于历史数据的多少，对数据的量性要求更为严格。由于高新技术企业成立的时间普遍较短，历史数据较少，难以满足上述方法的数据量要求，故也难以应用。

高新技术企业竞争优势的评价要求一般有以下两种：一是对竞争优势绝对水平的评价，即要求评价结果能直接反映某高新技术企业竞争优势的强与弱。二是针对某一高新技术企业在具体区域或具体行业内所处的竞争位势进行评价，以体现该企业在该领域的相对竞争优势。

针对第一种评价要求，可以看作对高新技术企业绝对持续竞争优势的评价。可以考虑定性与定量结合的评价方法，本章拟采用基于层次分析的模糊综合评价方法。采用层次分析法对各指标重要性打分以确定权重，然后采用模糊综合评价法对各层次指标进行评价，最终算出最顶层指标的评价数值或结果。尽管模糊评价法采用的是人为的评价方法，评价结果也不是十分精确的数值，但可以在指标体系的选择上尽量量化来弥补这一缺点。本书所建立的指标体系中24项指标均是定量指标，含义也比较明确直观，可以较大程度地提高专家的决策质量，评价结果的精确程度也可以有一定保证。

针对第二种评价要求，可以看作对高新技术企业相对持续竞争优势的评价。考虑到高新技术企业时间序列数据较难收集，且当前数据的重要性远远大于远期数据，本文选择灰色关联分析法来进行此项评价。具体可针对评价要求，选择某一地区或某一行业内参与竞争企业的当前数据，选择各企业各项数据中指标值最优的数据组成一列参照数据作为“关联标杆”。考虑到经济管理领域事物发展一般呈现“灰色”的特征，计算灰色关联系数更为接近真实情况。通过计算各企业数据与“标杆”的灰色关联系数并按系数大小进行排序，就可以比较出该领域内各企业相对竞争优势的强弱。

7.3 高新技术企业绝对持续竞争优势评价模型

7.3.1 模糊综合评价方法步骤

模糊综合评价（fuzzy comprehensive evaluation，FCE）是根据评价过程的非线性特点而提出的，其原理是利用模糊数学中的模糊运算法则，对非线性的评价领域进行综合量化，最终得到可比的量化评价结果的过程。

在建立评价指标体系后，由于各个指标在总评定因素中所起作用程度并不相同，需要确定各层次中指标的具体权重；接下来还需要确定评语集体中评定等级的区间值，以此作为隶属度依据标准；然后根据指标与权重进行具体子系统的评价计算；进行评价对象样本采集和数据处理，代入相应运算公式即得到评价结果；最后还须对所得到的评价结果进行相应检验，以判定结果是否真实可信（具体的评价过程见图7.2）。

7.3.2 高新技术企业绝对持续竞争优势模糊综合评价模型

（1）指标体系权重的确定

本章采用层次分析法（AHP）来确定各指标的权重。作为一种系统分析方法，层次分析被广泛应用于社会、经济及科学管理领域的系统分析中，其具体原理与依据在此不再介绍。依据层次分析确定高新技术企业指标体系权重具体步骤如下：

①层次化。高新技术企业持续竞争优势指标体系，共分为4个纵向层次共

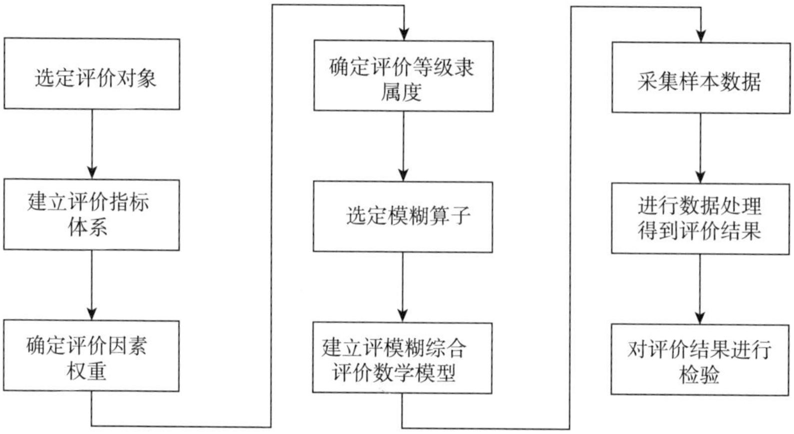

图 7.2　模糊综合评价过程示意

24 项指标。例如，持续竞争优势（A）分为显性优势（A1）、环境适应优势（A2）和再造优势（A3）三个子指标体系，显性优势（A1）又分为资源优势（B1）、能力优势（B2）及产业优势（B3）三个子指标体系，资源优势（B1）又细分为 C1～C4 等 4 项具体指标。

②构造判断矩阵。本书采用的比率标度是引用美国运筹学专家萨迪（Saaty）的 1～9 标度方法（表 7.2）。

表 7.2　萨迪（Saaty）1～9 标度法

标度	含义
1	表示两个因素相比，具有同样重要性
3	表示两个因素相比，一个因素比另一个因素稍微重要
5	表示两个因素相比，一个因素比另一个因素明显重要
7	表示两个因素相比，一个因素比另一个因素强烈重要
9	表示两个因素相比，一个因素比另一个因素极端重要
2、4、6、8	上述两相邻判断的中值
倒数	因素 i 与因素 j 比较得判断 b_{ij}，则因素 j 与 i 比较的判断 $b_{ji}=1/b_{ij}$

在比率标度确定之后，采用德尔菲法向专家发出指标体系权重调查表，并将专家反馈的结果进行综合后，形成各个层次指标的综合判断矩阵。如本指标体系中 B1－C 这一层次判断矩阵如表 7.3 所示。

表7.3　B1－C判断矩阵

B1	C1	C2	C3	C4
C1	1	1	1/2	1/2
C2	1	1	1/2	1/2
C3	2	2	1	1
C4	2	2	1	1

③进行一致性检验。在层次分析法中，引入了1～9比率标度，形成了判断矩阵，使决策者思维定量化后，必须要进行决策者思维的一致性判断。所谓一致性判断即判断矩阵，有如下关系：

$$a_{ij} = a_{ik} / a_{jk}(i,j,k = 1,2,\cdots,n) \qquad (7-1)$$

式中，a_{ij}表示第i个因素与第j个因素的相对重要程度之比，同理有a_{ik}和a_{jk}。

根据矩阵理论，在判断矩阵满足上述完全一致性的条件下，具有唯一非零解。即最大特征根λ_{max}，其余特征根均为零。

当不能保证判断矩阵完全一致性时，相应的判断矩阵特征根也会发生变化，这样就可以用判断矩阵特征根的变化情况来检查判断的一致性程度。习惯上用式（7－2）来作为度量判断矩阵偏离一致性的指标：

$$C \cdot I = \frac{\lambda_{max} - n}{n - 1} \qquad (7-2)$$

式中，n表示判断矩阵的维数。

考虑到度量不同阶数判断是否具有满意一致性，还需要引入判断矩阵的平均随机一致性指标RI值，对于1～9阶内判断矩阵，RI值分别如表7.4所示。

表7.4　随机一致性指标*RI*值

矩阵阶数	1	2	3	4	5	6	7	8	9
RI	0	0	0.58	0.89	1.12	1.26	1.36	1.41	1.46

当阶数等于2时，判断矩阵总具有完全一致性。

当阶数大于2时，判断矩阵一致性指标CI与同阶平均随机一致性指标RI之比称为随机一致性比率，记作CR，用公式表示为：

$$CR = \frac{CI}{RI} \qquad (7-3)$$

若$CR<0.1$，则判断矩阵的一致性是可以接受的，即满足一致性要求。

例如，通过对表7.3的判断矩阵进行相应计算，得到

W（0.167，0.167，0.333，0.333），$\lambda_{max}=4$

则
$$CR=\frac{CI}{RI}=\frac{\frac{\lambda_{max}-n}{n-1}}{RI}=0<0.10 \tag{7-4}$$

④确定各指标对总目标的权重。在确定了判断矩阵并通过一致性检验之后，就可以确定各层指标的权重，并使每一层次的指标权重之和均为 1。

通过重复以上步骤对各评价矩阵的计算，本文最终确定的指标体系权重如表 7.5 所示。

表 7.5　高新技术企业持续竞争优势指标体系权重

	第一层次	第二层次	具体指标层	指标层权重
高新技术企业持续竞争优势A	显性优势 A1 0.333	资源优势 B1 0.4	专科以上学历员工比率 C1	0.167
			企业已有知识产权数量 C2	0.167
			人均资产额 C3	0.333
			人均技术装备值 C4	0.333
		能力优势 B2 0.4	全员劳动生产率 C5	0.333
			人均利润额 C6	0.333
			资产报酬率 C7	0.333
		产业优势 B3 0.2	产业销售收入增长率 C8	0.333
			产业平均利润率 C9	0.333
			供应商增长率 C10	0.333
	环境适应优势 A2 0.333	市场适应性 B4 0.667	市场占有率 C11	0.333
			产品销售率 C12	0.333
			合同履约率 C13	0.333
		社会适应性 B5 0.333	社会公众投诉率 C14	0.333
			社会贡献率 C15	0.333
			企业资信度 C16	0.333
	再造优势 A3 0.333	技术创新 B6 0.5	新产品销售比率 C17	0.25
			产品研发比率 C18	0.25
			研发投入比率 C19	0.25
			新产品研发成功率 C20	0.25
		顾客价值 B7 0.5	营销人员比率 C21	0.25
			无形资产占比 C22	0.25
			企业知名度 C23	0.25
			顾客美誉度 C24	0.25

(2) 确定评价因素集和评价因素分层

设 $U=\{u_1,u_2,\cdots,u_n\}$ 是待评价对象的因素集合，u_i 表示被考虑的因素，$i=1,2,\cdots,n$。根据本文建立的高新技术企业持续竞争优势指标体系，取 $U=\{$ u_1（显性优势），u_2（环境适应优势），u_3（再造优势）$\}$。$u_1=\{$ u_{11}（资源优势），u_{12}（能力优势），u_{13}（产业优势）$\}$，$u_2=\{$ u_{21}（市场适应优势），u_{22}（环境适应性）$\}$，$u_3=\{$ u_{31}（技术创新），u_{32}（顾客价值）$\}$。$u_{11}=\{$ u_{111}（专科以上学历员工比率），u_{112}（企业已有知识产权数量），u_{113}（人均资产额），u_{114}（人均技术装备值）$\}$，以此类推，将全部评价指标分层标号。

(3) 确定评判等级隶属度

设 $V=\{v_1,v_2\cdots,v_m\}$ 是评价等级的集合，v_j 表示评判的结果，$j=1,2,\cdots,m$。根据对高新技术企业持续竞争优势的认识以及多名专家论证，针对高新技术企业绝对竞争优势水平评价的特点，取 $V=\{$ v_1（强），v_2（较强），v_3（较弱），v_4（弱）$\}$。由专家对每个指标评价标准的评判划分，建立了本研究对高新技术企业竞争优势水平评价的指标标准。

(4) 各单项指标的评价

本文选取的指标全部为定量指标，由模糊综合评价的原理可知，每一个被评价的对象均对应着一个从因素集 U 到评语集 V 的模糊关系，即

$$R_i=(r_{i1},r_{i2},\cdots,r_{im})\qquad r_{ij}\in[0,1]\tag{7-5}$$

式中，r_{ij} 表示从因素 u_i 着眼，该评价对象能被评为 V 中 v_j 等级的隶属度 $(i=1,2,\cdots,n;j=1,2,\cdots,m)$。其中，式（7－5）为确定采用模糊统计的方法，如进行 N 次调查，其中分别有 $n_1,n_2,\cdots,n_m$ 次属于 $v_1,v_2\cdots,v_m$ 等级评语集，则式（7－5）可由式（7－6）计算：

$$R_i=\left(\frac{n_1}{N},\frac{n_2}{N},\cdots,\frac{n_m}{N}\right)\tag{7-6}$$

(5) 单因素评价矩阵

由式（7－6），将所有的单因素评价结果组成一个单因素评价矩阵，用 $\boldsymbol{R}$ 表示，即

$$\boldsymbol{R}=\begin{pmatrix} r_{11} & r_{12} & \cdots & r_{1m} \\ r_{21} & r_{22} & \cdots & r_{2m} \\ \vdots & \vdots & & \vdots \\ r_{n1} & r_{n2} & \cdots & r_{nm} \end{pmatrix}\tag{7-7}$$

(6) 模糊综合评判

由上式进行模糊变换，即可得到 V 上的一个模糊子集 $B=(b_1,b_2,\cdots,b_m)$，即

$$B = \boldsymbol{A} \cdot \boldsymbol{R} = (a_1, a_2, \cdots, a_n) \cdot \begin{pmatrix} r_{11} & r_{12} & \cdots & r_{1m} \\ r_{21} & r_{22} & \cdots & r_{2m} \\ \vdots & \vdots & & \vdots \\ r_{n1} & r_{n2} & \cdots & r_{nm} \end{pmatrix} \quad (7-8)$$

式中，$\boldsymbol{A}$ 为权重向量，“ • ”为模糊关系矩阵的合成运算法则，它有多种形式，本研究采用（•，+）运算。由式（7－8），根据最大隶属度原则，可以确定评价对象所属评价等级，则（B，V，R）构成了一个综合评判模型，或称综合评判空间。但在实际中，考虑到由于用最大隶属原则来判别评价结果，容易使一部分计算结果的信息丢失。故本文根据式（7－8）及式（7－9）计算评价结果的特征值 H。

$$H = (m, m-1, m-2, \cdots, 2, 1) \cdot (b_1, b_2, \cdots, b_m)^{\mathrm{T}} \quad (7-9)$$

特征值 H 综合了式（7－9）计算的所有信息，根据 H 的大小可以综合评价结果所属等级。

如果 $(j-0.5) < H \leqslant (j+0.5)$，则评价结果为第 j 级评价等级。等级越高，说明高新技术企业绝对持续竞争优势越强。

通过模糊综合评价以及对各级评价矩阵的分析，不但可以获得评价的等级，还可以得到每个过程的具体评价结果，有利于针对特定的评价结果分析其原因，获得改进和提高企业管理水平的办法和途径。

通过对高新技术企业绝对持续竞争优势评价结果的研究，可以使企业对竞争优势持续性的管理中更具有针对性和方向性，能够依据科学的评价结果对企业的各项管理工作进行合理的改进与完善，并在此过程中不断提高企业持续竞争优势。

7.4 高新技术企业相对持续竞争优势评价

7.4.1 灰色关联分析原理

1982 年，华中理工大学邓聚龙教授首次提出了灰色关联理论，该理论经过 20 多年的发展完善，已经被广泛应用于经济、社会等各个领域[71]。灰色关联分析方法是灰色系统理论中用于描述两个（或多个）事物之间相关联程度的一种定量分析方法，通过揭示影响系统发展的重要诸因素间关联性的大小，为调控优化系统提供依据。灰色关联理论认为客观事物是普遍联系的，但是在很多情况下这种联系因为得不到全面、足够的信息而具有“灰色”的性质。事物之间、因素之间的这种灰色联系的大小可以用灰色关联度来度量，灰色关联度定量地描述了事物或因素之间发展态势的量化比较分析，可以用来区分因素间关系的大小、强弱和次序，以便进行深入分析，为决策者提供决策依据。

7.4.2　高新技术企业相对持续竞争优势灰色关联评价模型

具体来讲，用灰色关联分析方法评价高新技术企业相对持续竞争优势步骤如下：

(1) 建立决策矩阵

将高新技术企业待比较的 n 个对象的 m 个指标值组成一个 $n\times m$ 的决策矩阵，将每个指标的最优值列为一列，作为参考数列，其余 n 列为比较数列。

对决策矩阵进行无量纲化及初始化处理［这主要是因为对于量纲不同的指标，要化为无量纲的数据，以方便进行比较，初始化的方法很多，本文按照式（7-10）进行初始化］，可得到初始化矩阵 $\boldsymbol{Y}^* = (\boldsymbol{Y}_{ij}^*)_{(n+1)\times m}$。

$$r_i{}^*(k) = r_i(k)/r_i(\max) \tag{7-10}$$

(2) 计算灰色关联度矩阵

r_{ij} 是子因素 Y_{ij} 关于母因素 Y_{0j}^* 的灰色关联度，则有

$$r_{ij} = \frac{\min\limits_i \min\limits_j |Y_{0j}^* - Y_{ij}^*| + \beta \max\limits_i \max\limits_j |Y_{0j}^* - Y_{ij}^*|}{|Y_{0j}^* - Y_{ij}^*| + \beta \max\limits_i \max\limits_j |Y_{0j}^* - Y_{ij}^*|} \tag{7-11}$$

其中，β 为分辨系数，取值范围为：$0<\beta<1$，通常取 $\beta=0.5$。

由灰色关联度 r_{ij} 组成的矩阵称为灰色关联度判断矩阵。

(3) 归一化处理

r_{ij} 是第 i 个方案对第 j 个指标以 Y_{0j}^* 为母因素，以 Y_{ij}^* 为子因素的灰色关联度，反映了每一个方案的第 j 个实际因素值与理想值的关联程度。

$$W_j = \sum_{i=1}^{n} r_{ij} \quad (j=1, 2, \cdots, m) \tag{7-12}$$

反映了第 j 个指标在整个指标体系中的占比，将 W_j（$j=1, 2, \cdots, m$）归一化处理，得

$$W_j^* = W_j / \sum_{j=1}^{m} W_j \tag{7-13}$$

因此，可将 $\boldsymbol{W}^* = (W_1^*, W_2^*, \cdots, W_m^*)^{\mathrm{T}}$ 作为指标的权重。

用同样的方法将 r_{ij} 进行归一化处理，得

$$r_{ij}^* = r_{ij} / \sum_{i=1}^{n} r_{ij} \quad (j=1, 2, \cdots, m) \tag{7-14}$$

矩阵 $\boldsymbol{R}^* = (r_{ij}^*)_{n\times m}$ 与矩阵 $\boldsymbol{W}^* = (W_1^*, W_2^*, \cdots, W_m^*)^{\mathrm{T}}$ 相乘得到矩阵 $\boldsymbol{M}^* = (M_1, M_2, \cdots, M_n)^{\mathrm{T}}$。

（4）进行关联度排序

向量 $\boldsymbol{M}^{*}=(M_1,M_2,\cdots,M_n)^{\mathrm{T}}$ 中关联度的大小（灰色关联度）表明各比较数列与参考数列的接近程度，反映了各子序列对母序列的优劣关系，关联度越大表明该数列与最优值越接近，所以灰色关联度的排序就是待比较个体优劣次序。在高新技术企业相对持续竞争优势评价中，灰色关联度值代表与最优数列的接近程度，关联度的排序即各评价对象持续竞争优势的排序。在实际应用中还可以根据各分项指标分别计算灰色关联度并排序，以针对具体指标进行深入分析，获得改进和提高企业管理水平的具体办法和途径。

从本章针对高新技术企业持续竞争优势的评价方法分析，模糊综合评价方法的评价结果具有一定的模糊性，由于指标设置或专家评价的主观性，模糊综合评价的结果具有区分度不强的特性。例如，如果对两家企业的持续竞争优势评价结果均为“较强”时，则无法区分哪一家企业的竞争优势更强一些，故模糊综合评价方法只能用来评估企业的绝对竞争优势。灰色关联分析方法在多个企业竞争优势对比中具有一定优点，通过关联度的大小可以对待评价个体竞争优势进行相对位置的排序，但需要注意的是，关联度的大小仅代表竞争位置的排序，与竞争优势的绝对大小并无关联，随着选取参照企业的不同，关联度的大小也会随之发生变化，故灰色关联分析只能用于对企业相对竞争优势的评价分析。在现实中，可以将模糊综合评价与灰色关联分析结合起来对特定的高新技术企业持续竞争优势进行评价，以保证评价结果的全面性和科学性。

7.5 本章小结

本章建立了由显性优势、环境适应优势和再造优势 3 个层次共 24 个具体指标构成的高新技术企业持续竞争优势评价指标体系，应用层次分析法确定了各指标权重。通过常用评价方法的比较，选择模糊综合评价与灰色关联分析两种评价方法分别建立高新技术企业绝对持续竞争优势与相对持续竞争优势评价模型。

第8章 F公司持续竞争优势实证研究

8.1 F公司简介

F公司是HT集团公司某研究院直属企业，黑龙江省高新技术企业，黑龙江省创新型试点企业，哈尔滨市知识产权试点单位。

F公司成立于1969年，前身是某国营机器厂，2003年6月经国家批准改制为国有独资公司。公司现占地7.7万平方米，建筑面积6.3万平方米，企业资产总额2.78亿元，固定资产原值1.37亿元，固定资产净值1.11亿元。资产负债率52%，银行信用等级A级，2008年公司营业收入总额1.43亿元，利润总额110万元。现有在职职工674人，其中专业技术人员298人，具有高级以上职称的66人，具有中级职称的113人。

公司成立50多年来，坚持用户第一、质量第一、信誉第一的宗旨，依靠航天优势，开发生产了多系列、多型号、高科技、高档次、高水平产品近百种。公司现有省级企业技术中心1个，获国家科学技术进步特等奖1项，24项产品获国家级新产品证书，51项产品获国家级星火奖和省级科学技术奖，15项产品被评为部省级优质产品，28项产品获国家专利证书。

公司产品主要包括军用产品和民用产品。军用产品主要以地面设备和发动机关键部件加工为主，民用产品以能源、环保等产品为主，主要有电站自动化配套设备、热管节能环保产品、包装自动化机械产品等。

公司连续多年被评为“黑龙江省文明单位”“省级企业技术中心”“黑龙江省国防科技工业质量管理先进单位”“产学研合作先进企业”“科技示范企业”“重合同守信用单位”等，50多年来为加速我国电站配套设备国产化、航天热管技术应用于民用设备以及为我国的包装产业等做出了突出的贡献。

8.2 F公司持续竞争优势评价

8.2.1 F公司绝对持续竞争优势评价

表8.1是20名企业管理专家和学者根据F公司24项具体指标2020年数

据对F公司绝对持续竞争优势评价的测评结果，表内数字为打分人数。

表 8.1　F公司绝对持续竞争优势调查结果统计

指标	评价			
	强	较强	较弱	弱
专科以上学历员工比率 C1	2	5	10	3
企业已有知识产权数量 C2	4	6	10	0
人均资产额 C3	0	4	12	4
人均技术装备水平 C4	2	6	12	0
全员劳动生产率 C5	5	6	9	0
人均利润额 C6	2	8	10	0
资产报酬率 C7	3	5	12	0
产业销售收入增长率 C8	5	8	7	0
产业平均利润率 C9	3	5	10	2
供应商增长率 C10	2	8	10	0
市场占有率 C11	0	12	4	4
产品销售率 C12	2	6	12	0
合同履约率 C13	4	6	9	1
社会公众投诉率 C14	18	2	0	0
社会贡献率 C15	1	5	12	2
企业资信度 C16	5	8	7	0
新产品销售比率 C17	3	5	10	2
产品研发比率 C18	2	8	10	0
研发投入比率 C19	0	2	14	4
新产品研发成功率 C20	0	6	12	2

（续）

指标	评价			
	强	较强	较弱	弱
营销人员比率 C21	5	6	9	0
无形资产占比 C22	2	7	11	0
企业知名度 C23	14	6	0	0
顾客美誉度 C24	14	5	1	0

（1）模糊评判计算

通过对表 8.1 的数据进行分析，具体计算过程如下：

$$\boldsymbol{R}_1=\begin{pmatrix}0.1 & 0.25 & 0.5 & 0.15\\ 0.2 & 0.3 & 0.5 & 0\\ 0 & 0.2 & 0.6 & 0.2\\ 0.1 & 0.3 & 0.6 & 0\end{pmatrix}\quad \boldsymbol{R}_2=\begin{pmatrix}0.25 & 0.3 & 0.45 & 0\\ 0.1 & 0.4 & 0.5 & 0\\ 0.15 & 0.25 & 0.6 & 0\end{pmatrix}$$

$$\boldsymbol{R}_3=\begin{pmatrix}0.25 & 0.4 & 0.35 & 0\\ 0.15 & 0.25 & 0.5 & 0.1\\ 0.1 & 0.4 & 0.5 & 0\end{pmatrix}\quad \boldsymbol{R}_4=\begin{pmatrix}0 & 0.6 & 0.25 & 0.2\\ 0.1 & 0.3 & 0.6 & 0\\ 0.2 & 0.3 & 0.45 & 0.05\end{pmatrix}$$

$$\boldsymbol{R}_5=\begin{pmatrix}0.9 & 0.1 & 0 & 0\\ 0.05 & 0.25 & 0.6 & 0.1\\ 0.25 & 0.4 & 0.35 & 0\end{pmatrix}\quad \boldsymbol{R}_6=\begin{pmatrix}0.15 & 0.25 & 0.5 & 1\\ 0.1 & 0.4 & 0.5 & 0\\ 0 & 0.1 & 0.7 & 0.2\\ 0 & 0.3 & 0.6 & 0.1\end{pmatrix}$$

$$\boldsymbol{R}_7=\begin{pmatrix}0.25 & 0.3 & 0.45 & 0\\ 0.1 & 0.35 & 0.55 & 0\\ 0.7 & 0.3 & 0 & 0\\ 0.7 & 0.25 & 0.05 & 0\end{pmatrix}$$

由 $A_{11}=(0.167,\ 0.167,\ 0.333,\ 0.333)$ 可以得到“资源优势”的评价向量。

$\boldsymbol{B}_1=A_{11}\cdot\boldsymbol{R}_1=(0.083, 0.258, 0.567, 0.092)$

由式（7－9）得

$$H=(m,m-1,m-2,\cdots,2,1)\cdot(b_1,b_2,\cdots,b_m)^{\mathrm{T}}=$$
$$(4,3,2,1)\cdot(0.083,0.258,0.567,0.092)^{\mathrm{T}}=2.334$$

根据特征值原则，F 公司资源优势的评价结果为“较弱”。

由 $A_{12}=(0.333,0.333,0.333)$ 可以得到“能力优势”的评价向量：

$\boldsymbol{B}_2=A_{12}\cdot\boldsymbol{R}_2=(0.167,0.316,0.516,0.000)$

由式（7-9）得

$$H=(m,m-1,m-2,\cdots,2,1)\cdot(b_1,b_2,\cdots,b_m)^{\mathrm{T}}=$$
$$(4,3,2,1)\cdot(0.167,0.316,0.516,0.000)^{\mathrm{T}}=2.647$$

根据特征值原则，F公司能力优势的评价结果为“较强”。

由 $A_{13}=(0.333,0.333,0.333)$ 可以得到“产业优势”的评价向量：

$\boldsymbol{B}_3=A_{13}\cdot\boldsymbol{R}_3=(0.167,0.350,0.450,0.033)$

由式（7-9）得

$$H=(m,m-1,m-2,\cdots,2,1)\cdot(b_1,b_2,\cdots,b_m)^{\mathrm{T}}=$$
$$(4,3,2,1)\cdot(0.167,0.350,0.450,0.033)^{\mathrm{T}}=2.647$$

根据特征值原则，F公司产业优势的评价结果为“较强”。

由 $A_1=(0.4,0.4,0.2)$ 可以得到“显性优势”的评价向量：

$\boldsymbol{B}_{显}=A_1\cdot\boldsymbol{B}_{123}=(0.133,0.3,0.523,0.043)$

由式（7-9）得

$$H=(m,m-1,m-2,\cdots,2,1)\cdot(b_1,b_2,\cdots,b_m)^{\mathrm{T}}=$$
$$(4,3,2,1)\cdot(0.133,0.3,0.523,0.043)^{\mathrm{T}}=2.522$$

根据特征值原则，F公司显性优势的评价结果为“较强”。

由 $A_{21}=(0.333,0.333,0.333)$ 可以得到“市场适应性”的评价向量：

$\boldsymbol{B}_1=A_{21}\cdot\boldsymbol{R}_4=(0.1,0.4,0.416,0.083)$

由式（7-9）得

$$H=(m,m-1,m-2,\cdots,2,1)\cdot(b_1,b_2,\cdots,b_m)^{\mathrm{T}}=$$
$$(4,3,2,1)\cdot(0.1,0.4,0.416,0.083)^{\mathrm{T}}=2.514$$

根据特征值原则，F公司的市场适应性评价结果为“较强”。

由 $A_{22}=(0.333,0.333,0.333)$ 可以得到“社会适应性”的评价向量：

$\boldsymbol{B}_2=A_{22}\cdot\boldsymbol{R}_5=(0.4,0.25,0.316,0.033)$

由式（7-9）得

$$H=(m,m-1,m-2,\cdots,2,1)\cdot(b_1,b_2,\cdots,b_m)^{\mathrm{T}}=$$
$$(4,3,2,1)\cdot(0.4,0.25,0.316,0.033)^{\mathrm{T}}=3.014$$

根据特征值原则，F公司社会适应性评价结果为“较强”。

由 $A_2=(0.667,0.333)$ 可以得到“环境适应优势”的评价向量：

$\boldsymbol{B}_{环}=A_2\cdot\boldsymbol{B}_{45}=(0.2,0.35,0.383,0.067)$

由式（7-9）得

$$H=(m,m-1,m-2,\cdots,2,1)\cdot(b_1,b_2,\cdots,b_m)^{\mathrm{T}}=$$
$$(4,3,2,1)\cdot(0.2,0.35,0.383,0.067)^{\mathrm{T}}=2.68$$

根据特征值原则，F公司环境适应优势的评价结果为“较强”。

由 $A_{31}=(0.25,0.25,0.25,0.25)$ 可以得到“技术创新”的评价向量：

$\boldsymbol{B}_6=A_{31}\cdot\boldsymbol{R}_6=(0.063,0.263,0.575,0.1)$

由式（7－9）得

$$H=(m,m-1,m-2,\cdots,2,1)\cdot(b_1,b_2,\cdots,b_m)^{\mathrm{T}}=$$
$$(4,3,2,1)\cdot(0.063,0.263,0.575,0.1)^{\mathrm{T}}=2.288$$

根据特征值原则，F公司的技术创新评价结果为“较弱”。

由 $A_{32}=(0.25,0.25,0.25,0.25)$ 可以得到“顾客价值”的评价向量：

$\boldsymbol{B}_7=A_{32}\cdot\boldsymbol{R}_7=(0.438,0.3,0.263,0)$

由式（7－9）得

$$H=(m,m-1,m-2,\cdots,2,1)\cdot(b_1,b_2,\cdots,b_m)^{\mathrm{T}}=$$
$$(4,3,2,1)\cdot(0.438,0.3,0.263,0)^{\mathrm{T}}=3.175$$

根据特征值原则，F公司顾客价值评价结果为“较强”。

由 $A_3=(0.5,0.5)$ 可以得到“再造优势”的评价向量：

$\boldsymbol{B}_{再}=A_3\cdot\boldsymbol{B}_{67}=(0.25,0.281,0.419,0.05)$

由式（7－9）得

$$H=(m,m-1,m-2,\cdots,2,1)\cdot(b_1,b_2,\cdots,b_m)^{\mathrm{T}}=$$
$$(4,3,2,1)\cdot(0.25,0.281,0.419,0.05)^{\mathrm{T}}=2.731$$

根据特征值原则，F公司再造优势的评价结果为“较强”。

最终，由 $A=(0.333,0.333,0.333)$ 可以得到“持续竞争优势”的评价向量：

$\boldsymbol{B}_{总}=A\cdot\boldsymbol{B}=(0.194,0.310,0.441,0.053)$

由式（7－9）得

$$H=(m,m-1,m-2,\cdots,2,1)\cdot(b_1,b_2,\cdots,b_m)^{\mathrm{T}}=$$
$$(4,3,2,1)\cdot(0.194,0.310,0.441,0.053)^{\mathrm{T}}=2.642$$

根据特征值原则，F公司绝对持续竞争优势的评价结果为“较强”。

（2）绝对持续竞争优势评价结果

①通过以上计算，可以得出F公司竞争优势各要素强弱比较结果。从计算结果可以看出，要素的评判结果为单峰形状，即 $B=$（0.194，0.310，0.441，0.053）。说明构成要素的子要素之间水平差异很小，反映该研究对象要素配置比较合理。

②将依据最大隶属原则和特征值计算的结果汇总于表格中，见表8.2、表8.3。

表 8.2　研究对象评价结果分类

分类	对象			
	持续竞争优势	显性优势	环境适应优势	再造优势
最大隶属原则	较弱	较弱	较弱	较弱
特征值原则	较强	较强	较强	较强

表 8.3　研究对象分指标评价结果分类

分类	对象						
	资源优势	能力优势	产业优势	市场适应性	社会适应性	技术创新	顾客价值
最大隶属原则	较弱	较弱	较弱	较弱	强	较弱	强
特征值原则	较弱	较强	较强	较强	较强	较弱	较强

从最大隶属度原则和特征值原则的评价结果可以分析得出，评价结果存在一定差异。之所以会产生这样的差异，是因为最大隶属度原则的评价本身只考虑评价结果中最大影响值而不考虑其左右值的差异，这就会使评价结果丢失一部分原始信息。如对“F 公司环境适应优势”评价结果为 $B=(0.2,0.35,0.383,0.067)$，如果根据最大隶属度原则，其评判结果为“较弱”，而两个接近值 0.2 和 0.35 与其相差仅为 0.183 和 0.033，却被完全忽略，这是最大隶属度原则评判的最大特点。而特征值原则评判，将所有因素综合考虑在内，可保证所有的数据都在评价中发挥作用，从而保证评判结果的客观性与合理性。从本研究的评判结果和评价对象的实际情况对照来看，用特征值原则的评判方法与现实更为相符，也验证了本书所建立的评价体系的客观性和特征值依据的合理性，实现了企业绝对持续竞争优势的定量考核与评价。

③各单项指标评价结果（表 8.4）。

表 8.4　单项指标得分

指标	指标得分	排名	指标	指标得分	排名
资源优势	2.334	5	社会适应性	3.014	2
能力优势	2.647	3	技术创新	2.288	6
产业优势	2.647	3	顾客价值	3.175	1
市场适应性	2.514	4			

8.2.2　F 公司相对持续竞争优势评价

本章选取另外 3 家本地同行业企业（分别记为 A、B、C）作为 F 公司相对持续竞争优势评价参照对象。

本章仍以 7.1 建立的指标体系为评价标准进行 F 公司相对持续竞争优势的评价，具体过程如下：

（1）建立决策矩阵

将 A、B、C、F 四家企业的 24 项指标作为原始序列，同时选取每项指标中的最优值组成一列，作为参考序列。组成一个 5×24 的矩阵，将各元素按式（7－10）初始化后得到决策矩阵如下（如矩阵 $\boldsymbol{Y}^*$）：

$$
\boldsymbol{Y}^* = \begin{bmatrix}
1 & 1 & 0.92 & 0.69 & 0.69 \\
1 & 1 & 0.91 & 0.54 & 0.82 \\
1 & 1 & 0.91 & 0.73 & 0.82 \\
1 & 0.71 & 0.71 & 0.86 & 1 \\
1 & 0.90 & 0.80 & 0.90 & 1 \\
1 & 1 & 0.60 & 0.80 & 1 \\
1 & 0.44 & 0.44 & 0.78 & 1 \\
1 & 1 & 1 & 1 & 1 \\
1 & 1 & 1 & 1 & 1 \\
1 & 1 & 1 & 1 & 1 \\
1 & 0.50 & 0.64 & 0.86 & 1 \\
1 & 0.50 & 0.64 & 0.86 & 1 \\
1 & 0.64 & 0.57 & 0.93 & 1 \\
1 & 0.98 & 1 & 1 & 1 \\
1 & 1 & 0.82 & 0.92 & 0.98 \\
1 & 1 & 0.78 & 0.87 & 1 \\
1 & 0.83 & 0.83 & 1 & 0.62 \\
1 & 0.98 & 0.81 & 1 & 0.54 \\
1 & 0.88 & 0.84 & 1 & 0.78 \\
1 & 0.76 & 0.81 & 1 & 0.91 \\
1 & 0.92 & 0.61 & 0.88 & 1 \\
1 & 0.87 & 0.75 & 0.87 & 1 \\
1 & 0.68 & 0.85 & 1 & 1 \\
1 & 0.98 & 0.98 & 1 & 1
\end{bmatrix}^{\mathrm{T}}
\qquad
\boldsymbol{R} = \begin{bmatrix}
1 & 0.78 & 0.47 & 0.47 \\
1 & 0.76 & 0.38 & 0.61 \\
1 & 0.76 & 0.51 & 0.61 \\
0.49 & 0.49 & 0.67 & 1 \\
0.74 & 0.58 & 0.74 & 1 \\
1 & 0.41 & 0.58 & 1 \\
0.33 & 0.33 & 0.56 & 1 \\
1 & 1 & 1 & 1 \\
1 & 1 & 1 & 1 \\
1 & 1 & 1 & 1 \\
0.36 & 0.44 & 0.67 & 1 \\
0.36 & 0.44 & 0.67 & 1 \\
0.44 & 0.39 & 0.80 & 1 \\
0.93 & 1 & 1 & 1 \\
1 & 0.61 & 0.78 & 0.93 \\
1 & 0.56 & 0.68 & 1 \\
0.62 & 0.62 & 1 & 0.42 \\
0.93 & 0.60 & 1 & 0.38 \\
0.70 & 0.64 & 1 & 0.56 \\
0.54 & 0.60 & 1 & 0.76 \\
0.78 & 0.42 & 0.70 & 1 \\
0.68 & 0.53 & 0.68 & 1 \\
0.47 & 0.65 & 1 & 1
\end{bmatrix}^{\mathrm{T}}
$$

初始化矩阵 $\boldsymbol{Y}^*$　　　　灰色关联度矩阵 $\boldsymbol{R}$

$$
\boldsymbol{R}^{*}=\begin{bmatrix}
0.3663 & 0.2852 & 0.1740 & 0.1740 \\
0.3650 & 0.2758 & 0.1379 & 0.2218 \\
0.3479 & 0.2633 & 0.1771 & 0.2118 \\
0.1854 & 0.1854 & 0.2517 & 0.3775 \\
0.2410 & 0.1908 & 0.2410 & 0.3271 \\
0.3339 & 0.1375 & 0.1948 & 0.3339 \\
0.1497 & 0.1497 & 0.2515 & 0.4491 \\
0.2500 & 0.2500 & 0.2500 & 0.2500 \\
0.2500 & 0.2500 & 0.2500 & 0.2500 \\
0.2500 & 0.2500 & 0.2500 & 0.2500 \\
0.1457 & 0.1776 & 0.2707 & 0.4060 \\
0.1457 & 0.1776 & 0.2707 & 0.4060 \\
0.1662 & 0.1498 & 0.3040 & 0.3800 \\
0.2373 & 0.2542 & 0.2542 & 0.2542 \\
0.3012 & 0.1834 & 0.2343 & 0.2811 \\
0.3084 & 0.1727 & 0.2106 & 0.3084 \\
0.2332 & 0.2332 & 0.3747 & 0.1590 \\
0.3210 & 0.2049 & 0.3439 & 0.1301 \\
0.2417 & 0.2197 & 0.4353 & 0.1933 \\
0.1863 & 0.2061 & 0.3459 & 0.2618 \\
0.2686 & 0.1443 & 0.2417 & 0.3453 \\
0.2360 & 0.1825 & 0.2360 & 0.3455 \\
0.1497 & 0.2089 & 0.3207 & 0.3207 \\
0.2414 & 0.2414 & 0.2586 & 0.2586
\end{bmatrix}^{\mathrm{T}}
$$

归一化矩阵 $\boldsymbol{R}^{*}$

(2) 计算灰色关联度矩阵

由下列步骤分别计算出关联度数值。

先求出$\Delta\min=\min\limits_{i}\min\limits_{j}|Y_{0j}^{*}-Y_{ij}^{*}|=0$

$$\Delta\max=\max\limits_{i}\max\limits_{j}|Y_{0j}^{*}-Y_{ij}^{*}|=0.56$$

再按下式算出 r_{ij}：

$$r_{ij}=\frac{\min\limits_{i}\min\limits_{j}|Y_{0j}^{*}-Y_{ij}^{*}|+\beta\max\limits_{i}\max\limits_{j}|Y_{0j}^{*}-Y_{ij}^{*}|}{|Y_{0j}^{*}-Y_{ij}^{*}|+\beta\max\limits_{i}\max\limits_{j}|Y_{0j}^{*}-Y_{ij}^{*}|}$$

得到灰色关联度矩阵（如矩阵 $\boldsymbol{R}$）。

(3) 权重矩阵的确定及归一化处理

式（7-13）$\boldsymbol{W}_j=\sum\limits_{i=1}^{4}r_{ij}$ 中的 $\boldsymbol{W}_j$ 反映了第 j 个指标在整个指标体系中的占

比，计算得到：

$$W_1=1+0.78+0.47+0.47=2.73$$

同理可得

$W_2=2.74$	$W_9=4.00$	$W_{17}=2.67$
$W_3=2.87$	$W_{10}=4.00$	$W_{18}=2.91$
$W_4=2.65$	$W_{11}=2.46$	$W_{19}=2.90$
$W_5=3.06$	$W_{12}=2.46$	$W_{20}=2.89$
$W_6=3.00$	$W_{13}=2.63$	$W_{21}=2.90$
$W_7=2.23$	$W_{14}=3.93$	$W_{22}=2.89$
$W_8=4.00$	$W_{15}=3.32$	$W_{23}=3.12$
	$W_{16}=3.24$	$W_{24}=3.87$

将 W_j（$j=1,2,\cdots,24$）按式（7－13）$W_j^*=W_j/\sum_{j=1}^{24}W_j$ 进行归一化处理，计算得到因素指标的权重矩阵如下：

$$W^*=\begin{bmatrix}0.0371\\0.0373\\0.0391\\0.0361\\0.0416\\0.0408\\0.0303\\0.0544\\0.0544\\0.0544\\0.0335\\0.0335\\0.0358\\0.0535\\0.0452\\0.0441\\0.0363\\0.0396\\0.0394\\0.0394\\0.0394\\0.0394\\0.0424\\0.0526\end{bmatrix}^{\mathrm{T}}$$

将 r_{ij} 进行归一化处理得 $r_{ij}^* = r_{ij} / \sum_{i=1}^{4} r_{ij} = r_{ij} / \boldsymbol{W}_j$，得到矩阵 $\boldsymbol{R}^*$。

由公式 $\boldsymbol{M}^* = \boldsymbol{R}^* \cdot \boldsymbol{W}^*$ 进一步计算得到：

$$\boldsymbol{M}^* = \begin{bmatrix} 0.2482 \\ 0.2114 \\ 0.2571 \\ 0.2824 \end{bmatrix}$$

即 $\boldsymbol{M}^* = (0.2482, 0.2114, 0.2571, 0.2824)^{\mathrm{T}}$。

M_i（$i=1, 2, \cdots, 4$）值越大，说明 M_i 越接近最优。

（4）相对持续竞争优势评价结果

由结果 $\boldsymbol{M}^*$ 可以看出，在 A、B、C、F 四家企业中，按关联度大小标准，持续竞争优势的排序依次为 F、C、A、B，F 公司在与本地区其他三家同行业企业竞争中处于领先地位，具有相对优势。

进一步还可以按照各指标权重组成的向量与灰色关联矩阵相乘，从而得到各分项指标的关联度排名。

依公式 $\boldsymbol{R}' = \sum_{j=np}^{nq} \boldsymbol{W}_j \boldsymbol{R}_{ij}^*$（式中 $\boldsymbol{W}$ 为各指标权重向量），可得到：

$$\boldsymbol{R}' = \begin{bmatrix} 0.048 & 0.038 & 0.028 & 0.037 \\ 0.028 & 0.018 & 0.026 & 0.041 \\ 0.041 & 0.041 & 0.041 & 0.041 \\ 0.016 & 0.017 & 0.029 & 0.041 \\ 0.040 & 0.030 & 0.033 & 0.040 \\ 0.038 & 0.033 & 0.054 & 0.029 \\ 0.039 & 0.034 & 0.046 & 0.054 \end{bmatrix}$$

上式中第 1 行至第 7 行，分别为四家企业资源优势、能力优势等 7 项分项指标的关联度。可以将上式结果汇总见表 8.5。

表 8.5 研究对象评价结果分类

分类	对象						
	资源优势	能力优势	产业优势	市场适应性	社会适应性	技术创新	顾客价值
A 企业排名（得分）	1（0.048）	2（0.028）	1（0.041）	4（0.016）	1（0.040）	2（0.038）	3（0.039）
B 企业排名（得分）	2（0.038）	4（0.018）	1（0.041）	3（0.017）	4（0.030）	3（0.033）	4（0.034）

（续）

分类	对象						
	资源优势	能力优势	产业优势	市场适应性	社会适应性	技术创新	顾客价值
C 企业排名（得分）	4（0.028）	3（0.026）	1（0.041）	2（0.029）	3（0.033）	1（0.054）	3（0.046）
F 公司排名（得分）	3（0.037）	1（0.041）	1（0.041）	1（0.041）	1（0.040）	4（0.029）	1（0.054）

8.3　F 公司持续竞争优势分析及对策建议

8.3.1　F 公司持续竞争优势分析

根据上述评价结果，结合 F 公司的实际情况，我们可以对 F 公司持续竞争优势进行简要分析如下：

首先，F 公司具有较强的持续竞争优势。从绝对持续竞争优势评价结果来看，综合评分值为 2.642，达到较强标准。从各分项指标来看，7 项分项指标中除资源优势与技术创新评价结果为较弱外，其余 5 项指标均达到较强标准，社会适应性及顾客价值达到 3 分以上。从相对持续竞争优势评价结果来看，与其他 3 家企业相比，F 公司在 7 项分指标中有 5 项处于领先地位，具有较强的持续竞争优势，反映出 F 公司在当地同行业中的龙头地位，这与现实情况也是相符的。

其次，资源和技术创新方面存在的劣势应引起 F 公司足够重视。无论是从绝对持续优势，还是从相对持续优势来看，F 公司的资源优势与技术创新优势均存在一定不足，尤其是技术创新方面，绝对优势评分仅为 2.288，相对优势也处于四家企业中的最后一位。从该企业的实际情况来看，研发投入比例占营业收入比例刚刚达到高新技术企业认定标准，尽管近年也有部分新产品研发成功，但市场化程度很低，公司的主要收入仍然来源于传统的电站自动化配套设备等拳头产品，技术创新的手段主要为简单的技术改良，节能环保产品以及包装自动化机械所占比例较小，新产品销售率较低。另外，从资源方面来看，F 公司的绝对优势评分为 2.334，处于 7 项指标的倒数第二位，相对优势处于四家同行业企业中的第三位。从该企业的实际情况来看，尽管专业技术人员占总员工的比例达到了 44.2%，但多为生产一线员工，专职从事研究与开发人员不到全部技术人员的 1/3，且专业技术人员多为本土培养，本科以上学历员工比例不到30%，仅有的技术创新成果多来自哈尔滨市某重点大学的合作研究，自主创新成果较少，这也从侧面证实了F公司技术创新能力较低的原因。

再次，不能忽视的是，尽管F公司资源优势与技术创新优势较弱，但仍能保持较快发展速度，本文认为其原因主要在于该公司所处的优良产业环境。黑龙江省航天、电站配套设备制造产业连续多年居于全国第一位，东北老工业基地国家战略为黑龙江省高新技术企业，尤其是为航天制造、电站配套行业提供了难得的发展机遇。F公司正是抓住了东北老工业基地改造这一历史时机进行资产重组成立的，在良好的产业环境背景下，F公司社会适应性、市场适应性迅速增强，市场占有率也快速拓展，带动了公司的全面发展，公司迅速进入了飞速发展期。可以想象，一旦行业环境发生变化，F公司资源与技术创新方面的劣势将会很快显现，在很大程度上将限制企业的可持续发展，应引起企业管理者的足够重视。

8.3.2 F公司持续竞争优势提升的对策与建议

(1) 建立坚实的持续竞争优势来源基础

①重视人才队伍建设，构筑人力资本优势。首先，要转变人才管理思想，加强民主管理。高新技术企业的人力资本依存于高技术人才之中，所以，企业管理者不能将高技术人才按照传统管理模式进行简单管理。高技术人才与企业之间已不再是简单的雇佣关系，与企业管理者之间也不再是简单的管理与被管理关系。高新技术企业必须将企业人才特别是研发人才置于更高层次地位，必须建立良好的合作关系、伙伴关系，实行民主管理。其次，必须将人才引进视为企业战略地位，克服企业所处地域劣势，面向更大范围吸引高水平人才，重点引进对企业生存与发展至关重要的高层次研发、管理、数据分析人才，对关键的技术人才予以高福利挽留，采用事业留人、政策留人、机制留人、感情留人等多种方式稳定人力资本。再次，对现有人才做好职业生涯规划，加强人才培养的力度。首先对高技术人才需求进行定期调查，了解并帮助人才建立职业发展目标，结合企业发展目标与个人发展目标进行详细的职业发展规划。采用薪酬、职位、股票、期权、岗位匹配等多种方式进行人才激励。对优秀的本土人才，鼓励其在高等院校和各种科研机构继续进修深造，将人才的可持续发展作为企业可持续发展的重要基石。在企业内部，要创造良好的发展环境和竞争环境，做到尊重人才、爱护人才，给优秀人才施展才能，通过竞争脱颖而出创造有利的舆论和制度环境。

②加强知识产权保护，保障先发优势。企业知识产权保护一直在一定程度上影响该公司的长远发展，为了企业的进一步发展，必须建立知识产权意识。

首先要加强宣传，让高技术人才自觉维护企业知识产权，不能因为人才流动使企业知识产权受到损失。让管理人才认识到知识产权保护决定企业长远发展，必须把品牌、技术、声誉、专利等各种知识产权作为市场开拓的重要武器。其次，在重视研发的同时，企业必须加大力度进行知识产权保护。作为高新技术企业，该公司必须设立专职部门负责知识产权保护，做好专利申请，对于专利纠纷、技术合同管理、知识员工流动等各方面工作，有效进行知识产权保护。

③加大资金投入，延续技术优势。用好、用足各级政府的高新技术企业优惠政策，企业管理者要拓宽视野，充分利用各种金融渠道吸引投资。除满足高新技术企业研发投入资金比例外，要加大利润提留比例，作为企业技术改造、升级专项使用。要做到专项基金专款专用，为技术升级提供资金支持，保障研发优势地位，力争做到生产一代、储备一代、开发一代。

(2) 技术创新必须面向市场，确保顾客价值导向

高新技术企业不能单纯地迷信技术而忽略市场导向，没有实现顾客价值的创新不会为企业带来发展机会。高新技术企业的创新必须以市场需求为导向，时刻注意市场的动态变化，以先进技术迎合、引领甚至创造市场需求。在动态的市场变化中抓住市场机遇，快速占领市场。首先，变“成果推动”为“市场拉动”来进行技术创新和管理创新，技术部门和管理部门特别是营销部门必须密切结合，加大力度进行市场需求判断与预测，保证产品开发的市场导向性。其次，技术研发要“有形与无形并重”，不仅重视有形产品，也要重视品牌、声誉等无形资产，着力打造无形品牌，提高产品附加值。企业还要通过技术商品交易、技术难题招标、科技成果展示等各种形式，加强企业与市场联系，充分了解潜在市场需求，在当前产、学、研高度结合的环境下也可以借助各种中介机构力量提高技术商品转化效率，开阔视野，立足国内市场，开拓国外市场，全方位满足顾客需求。

(3) 建立持续竞争优势动力机制

①增强动态能力。首先企业要树立危机意识与创新意识，意识到“变革是社会发展的唯一主题”，增强对已有资源与能力的重新认识与调整，从企业领导到基层员工，都要经常思考自身的优势和劣势，深刻反思企业发展中出现的各种问题，突破因循守旧思想，做到“以自我否定赢得肯定”“先于竞争对手淘汰自己”。要加强企业知识库的建设，注重组织行为惯例等隐性知识对企业创造竞争优势的作用。加强不同部门员工之间的接触和交流，保证企业内部知识和信息的快速、准确传递，不断吸收新知识，做好隐性知识、显性知识间的转化。保持组织柔性，做到组织结构扁平化，突出知识拥有者的管理作用，确保企业在不同环境中的资源管理能力，以使企业资源与能力随着时间的推移、环境的变化而不断演进。

②加强组织学习。首先，企业管理者要营造良好的组织学习环境，使全体员工达成学习共识。其次，要完善培训体系，建立组织学习机制。加强培训的系统规划，以提升全体员工综合素质为基础，重点培养管理人员、营销人员和技术人员的创新意识。通过班前会议、合理化建议、自主管理等形式使组织学习成为日常工作的常态机制。另外，企业还可以通过内部网络、论坛等信息基础设施来加强企业内部知识交流，使组织成员能够有效交流，建立彼此的信任关系。

③构建开放、创新、学习型企业文化。F公司自建立以来，一直沿袭集团公司的“两弹一星”“航天传统精神”与“航天载人精神”，尚未形成自身的特色企业文化。在企业今后的发展中，企业领导要充分发挥企业文化导师的作用，将构建开放、创新、学习型企业文化作为企业各项工作的重点任务。在具体的企业文化构建中，可以传承原集团公司特别能吃苦，特别能战斗，特别能攻关，特别能奉献的传统精神，同时注入开放、创新、学习理念，建立企业全体员工共同愿景，制定利于创新的激励与绩效考核制度，在企业领导的带领下，通过全体员工共同努力，树立学习型、创新型、开放型的价值观，使每一名员工都成为企业价值观的倡导者与实践者。

(4) 持续开放创新，提升持续竞争优势

作为国有企业，F公司要理顺政府与企业的关系，认识到自身的技术创新主体地位，在当前技术创新优势较弱的情况下将创新作为企业发展的重中之重。加大研发投入，做好员工培训，利用各种有效手段建立技术监控系统，随时跟踪行业技术发展最新动态，科学决策，快速行动，抢占技术创新制高点，同时做好技术反馈，提取创新基金，实现技术创新的持续循环。

在创新过程中，根据行业特点，F公司应充分发挥顾客在创新中的作用，面向顾客现有与潜在需求，做好营销与技术创新的协调，使推出的新产品能更好地满足顾客需求。在现阶段技术创新能力比较弱的情况下，F公司可以尝试采用模仿创新、合作创新的方式，充分利用产、学、研、金、介各种力量，全方位地利用各种可能的创新资源，提高创新速度，培育新的市场增长点。

8.4 本章小结

本章以黑龙江省高新技术企业F公司为例，进行了高新技术企业持续竞争优势实证研究。首先介绍了F公司的概况，进而基于上一章建立的评价模型从绝对竞争优势与相对竞争优势两方面对F公司持续竞争优势进行了评价。根据总体及分项指标评价结果对F公司持续竞争优势进行了分析，并根据分析结果有针对性地提出了相应对策与建议。

第9章 典型案例

海尔集团创立于1984年，前身是一个濒临倒闭的小型集体企业，负债达147万元。自成立至今，海尔集团持续稳定发展，已成为国际知名的大型国际化企业集团。截至2021年，海尔在全球拥有30个工业园、122个制造中心、108个营销中心，24万个销售网点，拥有5万余名员工，产品从1984年的单一冰箱渗透到多项高新技术领域，出口到世界200多个国家和地区，年全球营业额已突破2 000亿元。

2021年海尔位于“中国企业500强”榜单第79位、“中国500强发明专利数量TOP10”公司第2位。2022年1月28日，国家发展改革委等部门印发的2021年（第28批）新认定及全部国家企业技术中心名单的通知显示：海尔技术中心具有国家企业技术中心资格。

物联网时代，海尔生态品牌和海尔“人单合一”模式正在实现全球引领。海尔集团是唯一一家连续四年入选全球最具价值品牌100强的物联网生态企业，子公司海尔智家位列《财富》世界500强和《财富》最受赞赏公司，旗下新物种卡奥斯连续4年在工信部双跨工业互联网平台中排名榜首，被ISO、IEEE、IEC三大国际标准组织指定牵头制定大规模定制模式的国际标准。

如上所述，在日益复杂的竞争环境下，海尔集团依然保持了多年的持续增长，保持了竞争优势的持续性，通过本书的理论分析框架，可以更好地深入挖掘海尔集团的竞争优势持续性源泉，同时验证本书分析框架的正确性与可行性。

9.1 海尔集团静态竞争优势来源分析

从海尔集团的前身海尔电冰箱厂1984年成立到1992年期间，海尔集团面临的基本上是传统的竞争环境，优良的产业环境、先发优势、技术能力等为企业创造了竞争优势。

海尔电冰箱厂成立于中国计划经济时代，落后的社会生产力与人民群众需求日益增长的矛盾非常突出。当时中国的企业和员工也均处于计划经济的思维模式中，并没有建立真正的现代企业制度，企业竞争意识薄弱，企业只是担当生产职能，无须关心技术、质量和市场。从“砸冰箱”事件开始，海尔认识到质量与生产技术的重要性，开始用“高技术”优势来弥补“起步晚”劣势。通过对 30 多个国外厂家的技术资料比较，最终率先从德国引进了具有世界先进水平的电冰箱生产技术和设备。1985 年，标记“琴岛-利勃海尔”注册商标的冰箱正式投入市场，很快以高质量、高技术赢得了广大消费者的信任，此时的海尔虽无高新技术企业之名，却有高新技术之实。

在技术优势的基础上，海尔注意构建品牌壁垒。1987 年，在很少有人知道知识产权为何物的时候，海尔成立了知识产权办公室，并使海尔品牌于 1991 年和“同仁堂”等老字号企业一起被认定为全国驰名商标，至 90 年代初，海尔在 183 个国家和地区申请注册商标 2 000 多个，申请专利上百项。

1987 年，海尔被全国 48 家大型商场联合推举为最受消费者欢迎产品电冰箱类第一名。1988 年是中国电冰箱供需矛盾最为紧张的时期，需求旺盛，竞争者少，这为海尔冰箱的快速发展提供了难得的产业机遇。尽管当时流传“纸糊个冰箱也能卖得出去”的说法，海尔仍然通过强化管理，加强员工培训，引入三工并存、动态转换、竞争上岗等员工管理与激励制度，使质量意识、品牌意识深入人心，生产能力随着员工素质逐步提升。1988 年，海尔冰箱获得了中国冰箱行业历史上第一枚国优金牌，产品供不应求。即使在 1989 年，冰箱市场发生雪崩、同行厂家纷纷降价以求生存时，海尔仍然坚持提价 10%，产品销量仍稳步增长。1991 年，海尔在国内第一个通过了 ISO 9001 国际质量保证体系认证，标志着管理已达国际先进水平，在冰箱生产领域已经具备了绝对的竞争优势，同时海尔充分利用其技术核心能力以及品牌的延展性，将产品线扩大至冰柜、空调等相关产品，并于同年 12 月成立了海尔集团公司。

由此看出，在海尔创立之初，优良的产业环境、技术能力和质量、品牌以及技术方面的先发优势是其竞争优势产生的必要条件。

9.2 海尔集团竞争优势阻力克服及再造分析

进入 20 世纪 90 年代，国内市场竞争日益激烈，很多当时的知名企业不注重创新，企业文化僵化，盲目发展，导致主业不突出，核心竞争力难以持续，日益丧失了竞争优势，在竞争中销声匿迹。

海尔面对新的竞争环境，保持着清醒的战略逻辑，张瑞敏此时为海尔制定的竞争战略就是：永远战战兢兢，永远如履薄冰！提醒海尔要始终保持强烈的忧患意识，才能在竞争中立于不败之地。因为市场不会给海尔改正错误的机会和时间。面对激烈的竞争，海尔提出了著名的“三只眼”理论，具体来说，第一只眼是盯住企业内部员工，使企业员工对企业的满足度最大化；第二只眼是盯住企业的外部市场，盯住用户，使海尔的用户对海尔的满足度最大化；第三只眼是盯住企业的外部机遇，盯住国外市场，使海尔融入全球一体化。“三只眼”理论为海尔指明了适应竞争需要的现代企业的治理方法和发展方向。

基于对发展环境变化的敏感性，海尔制定了“先求强、再求大”“先找市场，后建工厂”的发展思路，紧盯市场需求，内强素质，注重自我反省、注重组织学习，构建优良企业文化，走创新致胜之路，构建企业持续竞争优势。

9.2.1　海尔集团的顾客价值导向

海尔认为，评价产品技术水平的不是专家而是消费者。无论何时，对用户的需求说不合理都是不行的。必须转变角度，从需求出发，只要开发出一个适应顾客需求的产品，就能创造一个全新的市场。海尔的第四代企业文化与第三代企业文化的区别在于，更加强调共享平台升级为共赢进化，小微引爆升级为链群合约。共赢进化，就是和用户一起进化，从这种意义上说，用户也是一个创造者。在链群合约中，大量用户作为节点，都是充分融合的，可以形成合力，实现整体价值最大化。

首先，在顾客价值识别上，海尔努力将“创造市场”作为企业发展中的重中之重，认为“市场的难题就是海尔创新的课题”，并不局限于在现有的市场中争夺份额，而是充分利用自身优势另外创造新的市场，满足顾客潜在需求重做“一块蛋糕”，通过创造新市场引导消费来领先市场。正是凭借紧盯市场的竞争策略，海尔不断填补着市场空白，如适合夏季洗衣的“小小神童”洗衣机填补了淡季洗衣机市场，“洗地瓜”洗衣机填补了农村市场，“带锁冰箱”填补了美国大学生公寓市场……。凭借在识别顾客、创造市场方面的卓越能力，海尔始终在竞争中领先对手一步，达到不战而胜的目的。

其次，在顾客价值创造上，海尔始终坚持国际标准生产产品，打造海尔品牌。通过树立质量观念、零缺陷管理、现场质量代价、高标准认证、六西格玛质量管理打造高质量海尔产品，先后通过了 CE、GS、UL、CB 等 18 大类国际认证。在保证质量的同时，海尔不断提高企业市场反应速度，按照市场化经营原则把每一个员工都塑造成“战略事业单元”（SBU），使顾客反应速度大大提高。用“价值战”代替“价格战”，使海尔产品保持了较高的产品形象，获得了较高的顾客满意度，在与其他品牌的竞争中获取了竞争优势。

再次，在顾客价值传递上，海尔注重客户服务。海尔认为，尽管没有尽善尽美的产品，但可以创造百分之百满意的服务。通过售前、售中、售后三个环节创造星级服务。自成立至今，海尔星级服务历经多次升级，努力为顾客提供全面服务。

通过“真诚到永远”的客户服务理念，海尔不断为顾客传递价值，成为

“信得过企业”，集国优品牌、金马奖和国家质量奖于一身，售后服务13连冠，获得亚洲第一个“五星钻石奖”，张瑞敏也被授予“五星钻石终身荣誉奖”。海尔多年蝉联中国最有价值品牌第一名，品牌价值近5 000亿元。

9.2.2 海尔集团的竞争优势再造动力

1. 动态能力

海尔的长期持续发展与其强大的动态能力优势是分不开的。海尔在发展中坚持的“以自我否定赢得肯定”“吾日三省吾身”“变化是唯一的不变”就是对已有资源与能力的重新认识与调整。在企业内部推行“市场链”“人人都是SBU”，通过市场化的运作使企业每个部门、每名员工都时刻检查自身存在的问题，对所在运营链条展开反思，对发现的问题及时展开大范围的讨论，员工不仅要为自身的错误负责，更要对下属的错误负80%的责任，通过这种变革型的企业文化，强有力的组织学习，海尔具有了强大的动态能力。

在海尔人眼中，创新就是创造性的破坏，要有勇气打破原来的成功枷锁。海尔成立至今，经过六次重大战略调整阶段。第一阶段是1984—1991年，为名牌战略阶段；第二阶段是1992—1998年，为多元化战略阶段；第三阶段是1999—2005年，为国际化战略阶段；第四阶段是2006—2012年，为全球化品牌战略阶段；第五阶段是2013—2019年，为网络化战略阶段；第六阶段是2019年至今，为生态品牌战略阶段。

海尔每一次战略调整，都是在原有战略取得极大成功的时候进行的，正是这种基于动态能力的战略调整，克服了企业发展中的路径依赖与核心能力刚性，不断创造出新的企业竞争能力，将跟进模仿的竞争对手远远甩在了后面，使海尔长期拥有竞争优势。

2. 组织学习

海尔在成立之初，就认识到一个企业的学习能力以及把学习迅速转换为行动的能力将形成企业最终的竞争优势，员工培训学习始终贯彻企业发展始终。班前会议、合理化建议、自主管理班组均是员工日常工作的常态机制。1998年，海尔提出要建设“互动学习型团队”，将企业建设成学习型组织。海尔学习型组织的互动主要体现在企业与市场互动、团队成员间的互动、领导与员工间的互动。1999年，占地12 000平方米，拥有基础管理、技术研究、市场营销、海外推进、企业文化5个学院的海尔大学正式成立，为企业员工提供价值观念、实战技能、生涯规划等一系列的学习培训。海尔还建立了培训教师师资网络，包括与20余所国内外知名大学、咨询机构的近百名专家建立的外部培训网。海尔每个月要进行两个案例教学，一个是先进典型案例，一个是产生严重后果的反面典型案例，通过员工的横向思考、正面思考、比喻性思考、联想性思考改善员工心智模式，争取自我超越，实现企业共同愿景。经过 20 多年的发展，海尔大学已成为海尔人的学习平台和创客加速平台，通过交互推广海尔的“创业、创新”文化及“人单合一”双赢模式，助力每位员工成为自己的 CEO，持续为用户创造价值。

3. 企业文化

海尔文化一直被业内外人士称道，被认为是海尔的基因，正是由于拥有优秀的文化基因，海尔才能在激烈的竞争中获得持续发展。在海尔，《海尔人报》《海尔新闻》《海尔企业文化手册》是每名员工必备学习资料，海尔每兼并一个企业，派出去的人都是海尔企业文化中心的员工，海尔用企业文化盘活企业资产的“激活休克鱼”已经被哈佛大学和欧洲工商管理学院收入了案例教材。

在海尔企业文化建设中，通过创造良好学习环境，建立沟通渠道，充分调动员工企业文化建设的积极性，使海尔真正建立了创新型企业文化、学习型企业文化、开放型企业文化。在质量意识方面，海尔达成“有缺陷的产品就等于废品”的共识；在市场意识方面，海尔认为“品牌无国界”；在用户意识方面，海尔认同“用户永远是对的”；在品牌意识方面，海尔认可“先卖信誉后卖产品”。

更重要的是，面对日益复杂的发展环境，海尔文化的精神内核也在不断拓展与升级。

表 9.1　海尔企业文化演进

代级	企业文化	海尔精神	海尔作风
第一代 1984.12.26—2005.12.26	海尔，中国造	无私奉献、追求卓越	迅速反应、马上行动
第二代 2005.12.26—2016.12.26	海尔，世界造	创造资源、美誉全球	人单合一、速决速胜
第三代 2016.12.26—2019.12.26	海尔，网络造	诚信生态、共享平台	人单合一、小微引爆
第四代 2019.12.26—今	海尔，网络造	诚信生态、共赢进化	人单合一、链群合约

从表 9.1 可以看出，历经三次升级，海尔的文化视野不断拓展，从中国造到世界造，从资源到网络再到生态是一个不断进化的过程，而不变的则是顾客导向、迅速应变的行动宗旨。

通过企业文化建设，员工、上下游企业、客户普遍认同、主动参与，把海尔的发展与员工个人及整个生态链各环节的价值追求完美地结合在一起，每一位海尔员工、每一个海尔生态链的参与方在实现海尔大目标的过程中，都能充分实现个人的价值与追求。正是由于海尔卓越的企业文化，使海尔各项规章制度能够真正落到实处，各方积极参与，形成企业真正的执行力，成为其他企业无法复制的核心能力，最终形成竞争优势。

9.2.3 海尔集团的竞争优势再造的创新路径

1. 海尔持续创新

创新始终是海尔发展历程中竞争优势的重要来源。海尔集团拥有国家级技术开发中心，是全球首个“标准创新实践基地”，建立了国内最大的系列家电研发中心，并在海外建立了众多产品设计中心。在其技术创新体系中，技术中心是核心，中央研究院是导向，技术中心的组织机构包括：中央研究院、工业设计中心、信息网络中心和技术推进中心，在机制、人力资源整合、科技投入等方面全方位保证技术创新需求。通过持续技术创新用不到 30 年的时间走完国际同行五六十年的发展道路。

截至 2021 年底，海尔已累计获得专利 7 万余项，其中发明专利占比 63%，获中国专利金奖 11 项，国家科技进步奖 16 项，累计获得 500 余项国际设计大奖，主导了 84 项国际标准和 655 项国家、行业标准制定，为中国之首，是全球唯一同时进入国际权威标准组织 IEC 两大最高管理机构 CB、MSB 的企业。

伴随着海尔的持续创新能力的增强，海尔也不断地更新着自身的竞争优势，实现持续发展。

2. 海尔开放创新

在创新中，海尔注重整合内外部资源，海尔打造了 10＋N 科技创新体系，在全球拥有十大研发中心，71 个研究院，259 个研发设计中心，1 000 余个实验室，共有研发人员 2 万多人。

在新的竞争环境下，海尔与时俱进，打造了 HOPE 创新生态平台，在全球拥有 20 多万技术专家，共享 100 万研发资源。海尔打造“科技助力创业，创业加速科创”融合创新模式，已成功孵化 5 家上市公司，90 家瞪羚企业，38 家专精特新“小巨人”企业，创新布局也已拓展至智慧家庭、产业互联网、大健康等三大产业以及绿色双碳、电子芯片等五大关键技术领域。

海尔尤其注重顾客参与创新，海尔冰箱每年可以收到 100 多万台“个性化”订单。海尔基于电子商务平台推出了 B2X 定制方案，有万余个基本型号供用户选择，2 万多个基本模块可由用户自由组装。海尔用户可以广泛参与产品前期设计及后期使用反馈，使创新更有针对性，更好地满足顾客需求。海尔的售后中心每年要发出大量征求意见书，回函率达 92.5%以上，其中 95%都对海尔种类产品在使用功能和外形等方面提出宝贵的意见和建议，这些源于消费者的想法启发了海尔科研人员的思路，从中萌生出不少开发产品、创造市场的原始创新。海尔始终要求科研人员“以用户的难题作为海尔开发的课题”，顾客在相当大的范围内渗入海尔销售、制造、研发过程中。

海尔的开放创新在为企业树立消费者口碑的同时，也使产品创新更有针对性，创新成功率大大提高，是赢得竞争优势的重要手段。近 10 年内，海尔创造了 170 余项对行业有重大影响的原创技术，全部创新成果均快速转化至产业链，给用户带来全新体验。

3. 协同创新

海尔对协同创新的理解是：战略创新是方向、观念创新是先导、技术创新是手段、组织创新是保障、流程创新是活力、市场创新是目标。正是这种企业全面创新战略产生的协同效应，使得海尔能够源源不断地推出适应市场需求的创新产品。为适应协同创新需要，海尔不断追求组织结构扁平化，从直线职能式到矩阵结构，直至目前的市场链结构，建成了企业内部与外部相连的研发网络。海尔以信息流为中心进行了组织业务流程再造，成立了物流、资金流、商流及海外四个推进本部，实现了与客户的无缝信息对接，大大提高了创新效率。通过组织学习与企业文化构建，海尔内部形成了“人人都是创新主体”“时时创新”“处处创新”的良好文化氛围，每名员工均积极、主动从事创新活动，形成创新合力。表 9.2 展示了海尔发展中各创新要素的协同过程。

表 9.2　海尔协同创新

非技术创新	技术创新		
	引进与模仿创新	在模仿基础上进行二次创新	快速响应市场需求自主创新
战略创新	稳定型 品牌战略	风险型 多元化战略	创造型 国际化、全球化战略
文化创新	质量是生命 零缺陷率	创造新的市场 真诚到永远	减少响应时间 每个员工都是创新者
制度创新	全面质量管理	日清日高，日事日毕 OEC 管理模式	内部市场链 SST 机制 人人都是 SBU
组织创新	等级制、职能型组织	矩阵式、事业部制	网络化流程 内部市场链
市场创新	高质量占领市场	品牌多元化扩张	国际化、本土化
创新能力	当地优势	国内优势	国际优势

从表 9.2 可以看出，伴随着技术创新的每一阶段，海尔的战略、组织、文化等创新要素均要进行协同创新，实现整体创新优势。在海尔创立早期，主要以文化、市场、技术创新为核心，以战略创新、制度创新为协同；创立中期，

以战略、市场、技术创新为核心，以文化创新、组织创新、制度创新、全员创新为协同；当前时代，海尔以组织创新、市场创新、技术创新为核心，以文化创新、全员创新为协同，力争做到时时创新，事事创新，以实现其国际化、全球化战略目标。

通过上述对海尔集团持续竞争优势的案例研究，可以看出，本书的研究框架比较好地解释了海尔集团长期保持竞争优势的原因，海尔案例比较全面地验证了本书研究方法与框架的正确性与可行性。但也应该注意，本着科学性的原则，本书的研究成果仍需进行更多的案例检验，这也将是本书的后续研究重点工作。

9.3 本章小结

本章为本书的案例研究部分。以海尔这一典型高新技术企业为例，应用前文建立的分析框架研究海尔的持续竞争优势，初步验证了本书研究框架与方法的合理性与可行性。

结　论

高新技术企业是国民经济发展的重要推动力量，是决定国家前途和命运的重要因素。目前，高新技术企业的持续发展正日益受到发展环境变化的严峻挑战，体现出失败率高、成长慢、抗风险能力差的弱点。对高新技术企业持续竞争优势的研究，具有重要的理论指导意义与实践价值。通过本书研究，得出如下主要结论：

（1）高新技术企业的内外部因素对于其竞争优势的形成和发展都有着重要的作用。企业竞争优势不但来源于企业内部要素的作用过程，而且来源于企业与外界环境的交互作用之中。分析高新技术企业竞争优势的来源要素应当从企业内外两个维度和资源、能力、产业环境三方面加以考察。高新技术企业竞争优势的主要来源为技术核心能力、人力资本优势、先发优势以及产业环境优势。

（2）高新技术企业具有典型的耗散结构特征。耗散结构的熵增原理决定了高新技术企业竞争优势不具备自发持续机制，高新技术企业竞争优势能否持续的根源决定于企业内部资源能力与外部环境的匹配程度。当前企业的生产经营环境正呈现动态复杂性发展趋势，其主要特征是环境的变化速度及竞争交互。环境的动态复杂性将导致高新技术企业产业环境变化，先发优势失效，技术核心能力出现刚性，无法继续维系高新技术企业持续竞争优势。

（3）由于竞争优势生命周期的存在，高新技术企业任何某种特定的竞争优势都无法长期维持。为实现高新技术企业的持续竞争优势，只能通过连续不断的竞争优势再造，创造相互联结或继起的系列竞争优势，形成连续的波浪式创新推进，实现竞争优势的良性循环，才能获得真正意义上的持续竞争优势。

（4）在高新技术企业持续竞争优势再造中，再造诱因、再造导向、再造动力、再造路径是实现持续优势再造的关键问题。在提高收益回报、增强市场位势、提高资产专用性的诱因驱动下，高新技术企业必须以顾客价值为导向，增强动态能力，加强组织学习，构建开放型、创新型、学习型企业文化，以此加强持续竞争优势再造动力，通过持续创新时间路径、开放创新空间路径实现高新技术企业持续竞争优势再造。

（5）在定性分析的基础上，为实现对高新技术企业持续竞争优势的全面考察，本书建立了包含3个层次共24项具体指标构成的评价指标体系，采用模糊综合评价与灰色关联分析两种方法从绝对持续竞争优势与相对持续竞争优势两方面对高新技术企业持续竞争优势进行评价，较好地实现了对高新技术企业持续竞争优势的定量研究。

正如本书所述，高新技术企业竞争优势来源于复杂而广泛的力量，其持续性受到诸多因素的影响，虽然本书通过F公司的实证研究初步验证了本书研究框架与方法的合理性与可行性，但对本书研究成果的验证仍需进一步深入，存在广泛的调整与完善的空间，这也是本书作者未来努力的方向。

参　考　文　献

［1］彭珍，顾颖，张洁．动态环境下联盟竞合、治理机制与创新绩效的关系研究［J］．管理世界，2020，36（3）：205-220.

［2］王永贵．21世纪企业制胜方略——构筑动态竞争优势［M］．北京：机械工业出版社，2000：12.

［3］王慧．高技术企业成长系统分析［D］．天津：天津大学，2006.

［4］Itami H，Numagam T. Dynamic interactions between strategy and technology［J］. Strategic Management Journal，1992（13）：119-135.

［5］吕子剑，等．动态环境下协同演化的企业可持续成长［J］．工业工程与管理，2008，13（4）：5-9.

［6］刘兴国．中国企业平均寿命为什么短［R］．经济日报，2016，6.1.

［7］Mason. The current state of the monopoly problem in the U. S［J］. Harvard Law Review，1939（10）：1265-1285.

［8］Bain. Research on Industrial Organization［M］. New York：New York Whisey Press，1956：51-54.

［9］Proter M E. The competitive advantages［M］. New York：New York Free Press，1985：43-45.

［10］Rumelt R P. Towards a strategic theory of the firm［J］. Competitive Strategic Management，1984（5）：556-570.

［11］Barney. Organization culture：Can it be a source of sustained competitive advantage［M］. Cambridge：Harvard Business School Press，1986：1231-1241.

［12］Schoemaker. Stragegic assets and organization rent［J］. Strategic management journal，1999（7）：33-46.

［13］Eitomy. The past and future of competitive advantage［J］. Sloan management review，1997（5）：223-226.

［14］Dierickx. Asset stock accumulation and sustainability of competitive advantage［J］. Management science，1989（6）：1504-1511.

［15］Barney. Firm resources and sustained competitive advantage［J］. Journal of management，1991（17）：99-120.

［16］Hall. Strategy follows structure［J］. Strategic management journal，1993（1）：149-163.

［17］Barney. Is the resource-based view a useful perspective for strategic management research? Yes［J］. Academy of Management Review，1994（1）：41-57.

[18] Peteraf M A. The cornerstones of competitive advantage：a resourced-based view [J]. Strategic management journal，1997 (14)：179-191.

[19] Black Boal. Corporate strategy：resource-based approach [M]. McGraw-Hill company press Inc，2000：298-302.

[20] Hamel G，C K Prahalad. Corporate imagination and expeditionary marketing [J]. Harvard Business Review，1990 (8)：81-92.

[21] Teece D G Pisano，A. Shuer. Dynamic capabilities and strategic management [J]. Strategic Management Journal，1997 (7)：509-533.

[22] Bakker R M，Knoben J. Built to last or meant to end：Inter-temporal choice in strategic alliance portfolios [J]. Organization Science，2015，26 (1)：256-276.

[23] Belderbos R，Gilsing V，Lokshin B，et al. The antecedents of new R&D collaborations with different partner types：On the dynamics of past R&D collaboration and innovative performance [J]. Long Range Planning，2018，51 (2)：285-302.

[24] 魏江．持续竞争优势：制度观、资源观与创新观 [J]. 自然辩证法通讯，1998 (2)：97-99.

[25] 贺小刚．企业可持续竞争优势 [J]. 经济管理，2002 (14)：38-47.

[26] 邹国庆．企业持续竞争优势的经济学评析 [J]. 当代经济研究，2003 (4)：12-19.

[27] 肖海林，彭星间．企业可持续竞争优势四面体结构模型及成长管理 [J]. 中国工业经济，2003 (8)：34-38 .

[28] 安久胜，赵红．企业竞争优势的生态观阐释 [J]. 企业经济，2004 (1)：3-8.

[29] 肖海林，彭星间，王方华．企业持续发展的生成机理模型：基于海尔的案例分析 [J]. 管理世界，2004 (8)：44-52.

[30] 霍春辉．动态竞争优势 [M]. 经济管理出版社，2006：101-109.

[31] 徐敏，汪国银，刘芳．战略执行速度与绩效——环境动态性和组织资源的调节作用 [J]. 科技管理研究，2014，34 (22)：178- 182.

[32] 朱恒源，杨斌，刘星．战略节奏-战略分析的动态新框架 [J]. 技术经济，2018，37 (3)：30-36.

[33] 王刚夫，黄清和．从竞争优势到竞争优势群 [J]. 南开管理评论，2001，4 (1)：3-10.

[34] 蒋学伟，张灿．动态环境中的企业持久竞争优势 [J]. 经济管理，2002 (2)：69-71.

[35] 朱恒源，杨斌．战略节奏：关于“变革”的动态管理 [J]. 中欧商业评论，2019 (3)：18-24

[36] 曾筱峰．高技术企业技术标准联盟价值网研究 [D]. 长沙：湖南大学，2007. 10.

[37] 袁建昌．论高新技术企业的八大特征 [J]. 改革与开放，2013 (11)：19-23.

[38] 陈耀．企业战略联盟可持续竞争优势研究 [D]. 南京：南京理工大学，2003. 6.

[39] 江晶．基于竞争优势动态演化的高新技术企业可持续发展研究 [D]. 武汉：武汉理工大学，2007. 10.

[40] Haeckel，Stephan. Adaptive enterprise designs：The sense and respond model [J].

Planning Review，1999（7）：217-226.

[41] Knudsen. Dynamic capabilities：What are they? [J]. Strategic Management Journal，1999（10）：1117-1124.

[42] 常婷婷．高新技术企业诊断评价强化方案研究 [D]. 南宁：广西大学，2007. 6.

[43] 王爱国．高技术企业战略管理模式的创新研究 [D]. 天津：天津大学，2006. 5.

[44] 陈琦．基于技术核心能力的高技术企业成长机理及模式研究 [D]. 长沙：中南大学，2009. 6.

[45] 于增元．新时代乡村旅游专业人才培养 [M]. 北京：中国社会科学出版社，2021：16.

[46] 王萍．人力资本：高新技术企业的核心竞争要素 [J]. 科技进步与对策，2013（7）：124-125.

[47] Makadok. Crafting strategy [J]. Harvard business review，1998（6）：66-75.

[48] Thompson and Strickland. Value creating growth [J]. Management science，1998（10）：134-140.

[49] Urban G L，Carter T，Gaskin S，et al. Market share rewards to pioneering brands：an empirical analysis and strategic implications [J]. Management Science，1986（6）：645-660.

[50] Robertson T S. How to reduce market penetration cycle times [J]. Sloan Management Review，1993（1）：87-96.

[51] 郑小平．高新技术企业竞争力及其矢量再造 [D]. 成都：四川大学，2003. 10.

[52] 李海舰，聂辉华．企业竞争优势来源及其战略选择 [J]. 中国工业经济，2002（9）：5-13.

[53] 李艳红．主导设计演进对网络型企业竞争力影响 [D]. 长沙：湖南大学，2008. 9.

[54] 斯蒂芬·P. 罗宾斯．管理学 [M]. 4 版．北京：中国人民大学出版社，1997.

[55] 踪家峰，郝海．传统管理的革命者：迈克尔哈默，詹姆斯钱皮 [M]. 保定：河北大学出版社，2005.

[56] 刘力钢，霍春辉．寻求企业战略优势的顾客价值管理模式 [J]. 经济管理，2008（9）：121-127.

[57] 赵奚．基于顾客价值的企业竞争力研究 [D]. 长春：吉林大学，2009. 5.

[58] Saviotti，Mani G S. Technological evolution，self-organization and knowledge [J]. Administrative science quarterly，1998（35）：9-30.

[59] 潘安成．基于组织适应力与战略选择协同演化的企业持续成长研究 [D]. 南京：东南大学，2006. 3.

[60] 阿米登．创新高速公路 [M]. 北京：知识产权出版社，2005.

[61] Argyris，D Schon. Organizational Learning：A theory of action research [J]. Birkhäuser Basel，1978（7）：178-191.

[62] 熊金武，窦艳杰．约瑟夫·熊彼特：企业家精神的理论奠基者 [J]. 金融博览，2021（1）：12-17.

[63] 张伟．企业持续技术创新研究［D］．湘潭：湘潭大学，2004.5.
[64] 向刚，陈志超，李宁．创新型企业战略转型过程中的重大风险分析与应对研究［J］．中国科技论坛，2012（3）：112-117.
[65] 夏保华．技术创新哲学研究［M］．北京：中国社会科学出版社，2004.
[66] 杨武．深化创新创业赋能实体经济高质量发展［J］．人民论坛，2021（7）：12-15.
[67] 陈劲，李佳雪．企业管理新思潮［J］．企业管理，2020（4）：22-26.
[68] F Piller，C Schaller. Customers as co-designers：A framework for open innovation［J］．IEE Manufacturing Engineer，2003（8）：42-46.
[69] 杨依依，陈荣秋．从封闭创新到开放创新——顾客角色、价值及管理对策［J］．科学学与科学技术管理，2008（3）：119-123.
[70] Saaty T L，Kearns K P. The Analytic Hierarchy Process［J］．analytical planning，1978（3）：64-77.
[71] 邓聚龙．灰色系统基本方法［M］．武汉：华中理工大学出版社，1987.
[72] 毕可佳，胡海青，张道宏．孵化器编配能力对孵化网络创新绩效影响研究——网络协同效应的中介作用［J］．管理评论，2017，29（4）：36-46.
[73] 周文辉，陈凌子，邓伟，等．创业平台、创业者与消费者价值共创过程模型：以小米为例［J］．管理评论，2019，31（4）：283-294.
[74] 廖建文，崔之瑜．企业优势矩阵：竞争 VS 生态［J］．哈佛商业评论，2016（7）：111- 118.
[75] 黄江明，丁玲，崔争艳．企业生态位构筑商业生态竞争优势：宇通和北汽案例比较［J］．管理评论，2016，28（5）：220-231.
[76] 苏芳，毛基业，谢卫红．资源贫乏企业应对环境剧变的拼凑过程研究［J］．管理世界，2016（8）：137-149.
[77] 陈传明．企业战略调整的路径依赖特征及其超越［J］．管理世界，2002.6.
[78] 菲利普·赛德勒．持续竞争力［M］．北京：北京大学出版社，2004.
[79] 杜慕群．资源、能力、外部环境、战略与竞争优势的整合研究［J］．管理世界，2003（10）：122-126.
[80] 傅皓天，等．环境不确定性、冗余资源与公司战略变革［J］．科学学与科学技术管理，2018，39（3）：92-105.
[81] 卢启程，等．战略学习如何影响组织创新——基于动态能力的视角［J］．管理世界，2018，9：109-129.
[82] Davison R M，Ou C X J. Digital work in a digitally challenged organization［J］．Information & Management，2017，54（1）：129-137.
[83] 邹建辉，陈德智．动态能力与企业绩效关系的元分析研究［J］．管理现代化，2020，40（4）：66-69.
[84] 王益民，赵志彬，徐猛．链内攀升与跨链嵌入：EMS 企业动态能力协同演化：基于 Sanmina 公司的纵向案例研究［J］．管理评论，2019，1：279-292.
[85] 李兴旺，王迎军．企业动态能力理论综述与前瞻［J］．当代财经，2014.10.

[86] 张弘．人力资源是企业持续竞争优势之源吗 [J]. 生产力研究，2009 (11)：191-192.
[87] 赵忠伟，徐建中．动态环境下企业知识创新研究 [J]. 科技管理研究，2009 (11)：337-348.
[88] Ravichandran T. Exploring the relationships between IT competence, innovation capacity and organizational agility [J]. The Journal of strategic information systems, 2018, 27 (1): 22-42.
[89] Wohlgemuth V, Wenzel M. Dynamic capabilities and routinization [J]. Journal of Business Research, 2016, 69 (5): 1944-1948.
[90] 周俊．浅析企业竞争优势的生命周期模型 [J]. 重庆工学院学报，2005 (10)：36-38.
[91] 赵忠伟，徐建中．面向动态复杂环境的企业知识管理研究 [J]. 情报杂志，2009 (8)：134-137.
[92] 林祥．企业家能力与企业核心能力的相关性——对企业家能力的一种概括 [J]. 经济社会体制比较，2012 (5)．
[93] 王金凤，等．外部环境不确定性、网络惯例与双元创新关系研究 [J]. 科技进步与对策，2020，37 (6)：37-45.
[94] 黄胜，林琼纯．动态能力对企业绩效的影响：一项互补效应研究 [J]. 天津商业大学学报，2020，40 (6)：24-31.
[95] 周雪，李翔龙，孟晓娜．失败学习与商业模式创新——创业动态能力的中介作用 [J]. 科技进步与对策，2019，36 (24)：90-99.
[96] 刘建伟，张正堂．过程导向的可持续竞争优势因果关系链分析 [J]. 中国管理科学，2013 (2)．
[97] 倪义芳，吴晓波．论企业战略管理思想的演变 [J]. 经济管理，2011 (6)：4-11.
[98] 普拉哈拉德，多兹．跨国公司的使命 [M]. 北京：华夏出版社，2011.
[99] 乔治·S. 戴伊，戴维·J. 雷布斯坦因，罗伯特·E. 刚特．动态竞争战略 [M]. 上海：上海交通大学出版社，2013.
[100] 王大洲．持续创新与企业成长——海尔集团公司的持续成长历程及其启示 [J]. 科研管理，2008 (1)：28-32.
[101] 汪应洛，李垣，刘益．企业柔性战略——跨世纪战略管理研究与实践的前沿 [J]. 管理科学学报，2007 (1)．
[102] 吴应宇，赵震翔．企业可持续竞争优势衡量方法综述 [J]. 外国经济与管理，2007 (9)．
[103] 肖纳 L. 布朗·凯瑟琳．边缘竞争 [M]. 北京：机械工业出版社，2011.
[104] 陈钮芬，陈劲．开放式创新环境下的高新技术企业商业化模式研究 [J]. 科学学研究，2008 (2)：123-127.
[105] 赵忠伟．中小高科技企业技术创新模式选择研究 [J]. 科技管理研究，2009 (8)：456-458.
[106] 董大海，权小妍，马秀芳．基于顾客价值的竞争战略开发方法 [J]. 系统工程，2014 (7)：20-25.

[107] 胡思华，毛翠云．构建基于顾客价值的企业核心能力 [J]．中南财经政法大学学报，2013 (2)：109-112.

[108] 赵忠伟，李睿，王萍．组织柔性对中小高科技企业成长影响研究 [J]．科研管理，2019，40 (7)：247-256.

[109] 孟雷．顾客关系导向的企业持续竞争优势 [J]．价值工程，2014 (2)：92-94.

[110] Joshi G，Dhar R L. Green training in enhancing green creativity via green dynamic capabilities in the Indian handicraft sector：The moderating effect of resource commitment [J]. Journal of Cleaner Production，2020，12 (2)：1-14.

[111] 邵福泽，周伟．开放式创新、战略柔性与创新绩效——一个交互效应模型 [J]．科技进步与对策，2016，33 (9)：1-7.

[112] 王军，江若尘，曹光明．组织即兴对竞争优势的影响：环境不确定性和组织柔性的调节作用 [J]．经济与管理研究，2017，38 (3)：92-100.

[113] 刘立娜，于渤．知识和组织惯例互动演化视角下后发企业动态能力的微观基础 [J]．管理学报，2019，16 (7)：1044-1053.